传统太极拳119式

卫德安　余勇　编著

河南科学技术出版社

·郑州·

图书在版编目（CIP）数据

传统太极拳119式 / 卫德安，余勇编著. —郑州：河南科学技术出版社，2018.11（2019.3重印）

ISBN 978-7-5349-9341-1

Ⅰ. ①传… Ⅱ. ①卫… ②余… Ⅲ. ①太极拳—套路（武术）Ⅳ. ① G852.111.9

中国版本图书馆CIP数据核字（2018）第192633号

出版发行：河南科学技术出版社
地址：郑州市郑东新区祥盛街27号　邮编：450016
电话：（0371）65737028　65788139
网址：www.hnstp.cn
策划编辑：李肖胜　曲　先
责任编辑：许　静
责任校对：吴华亭
封面设计：张　伟
版式设计：王　歌
责任印制：张艳芳
印　　刷：河南瑞之光印刷股份有限公司
经　　销：全国新华书店
开　　本：720 mm × 1 020 mm　1/16　印张：21　字数：360千字
版　　次：2018年11月第1版　2019年3月第2次印刷
定　　价：48.00元

作者简介

卫德安，男，1952年5月4日出生，河南省漯河市源汇区人，漯河市武术协会副主席，国家武术七段、国家级社会体育指导员，漯河市杨氏太极拳协会名誉主席，漯河市陈氏尊古太极拳协会名誉会长，安徽省明光市心意六合拳研究会、漯河市心意六合拳研究会、漯河市少林弹腿研究会、漯河市姜家拳研究会及漯河市河洛太极文化研究会顾问。

卫德安自幼习武，1976年拜一代大师陈喜芳先生为师，学习太极拳。曾在漯河市体委主抓武术工作，为武术的挖掘整理、普及提高做出了突出的贡献。他积极推进武术群体运动的发展，多次组织千人以上的大型太极拳表演，辅导传授弟子2000余人，其中多人多次在国际及国内各级运动会上获得金牌。曾多次被评为河南省、漯河市优秀武术工作者，为武术事业的发展做出了卓越的贡献。

余勇，男，1969年10月22日出生，河南省漯河市郾城区商桥镇人，中学高级教师，曾任商桥镇第二初级中学校长、裴城镇中心校校长，现任漯河市郾城区教育科技体育局基础教育股股长，河南省一级社会体育指导员，漯河市武术协会副秘书长。2008年拜卫德安先生为师，学习太极拳。在韩国光州市中原武术邀请赛和中国香港武术比赛中曾获得优异成绩。近几年来，他在广大师生中广泛开展太极运动，为武术进校园做出了突出的贡献。

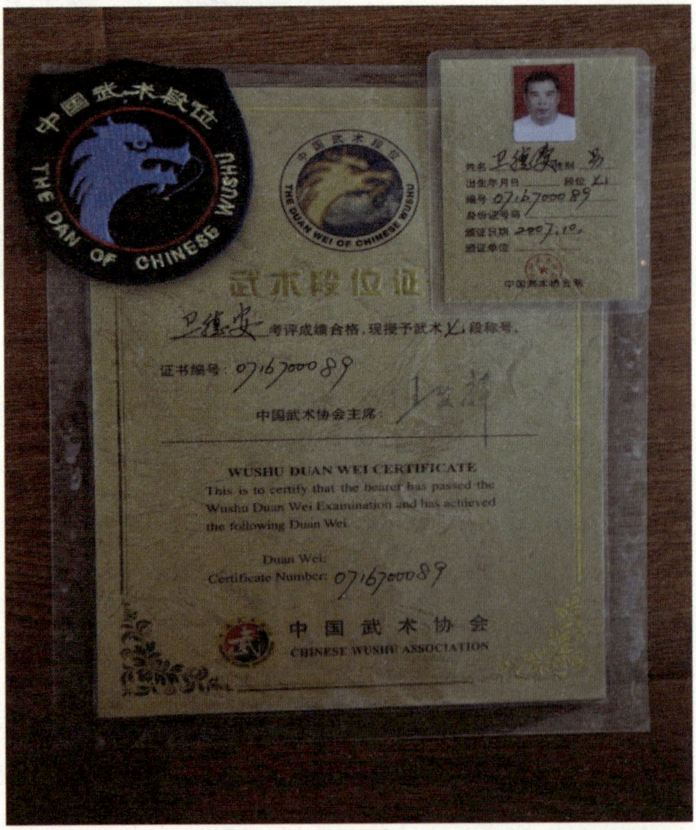

卫德安所获武术段位证书

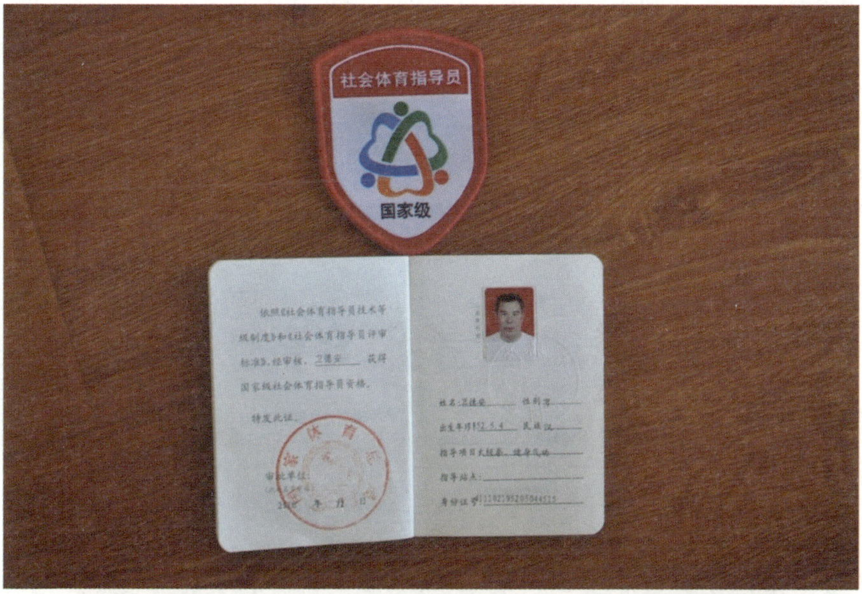
社会体育指导员
国家级

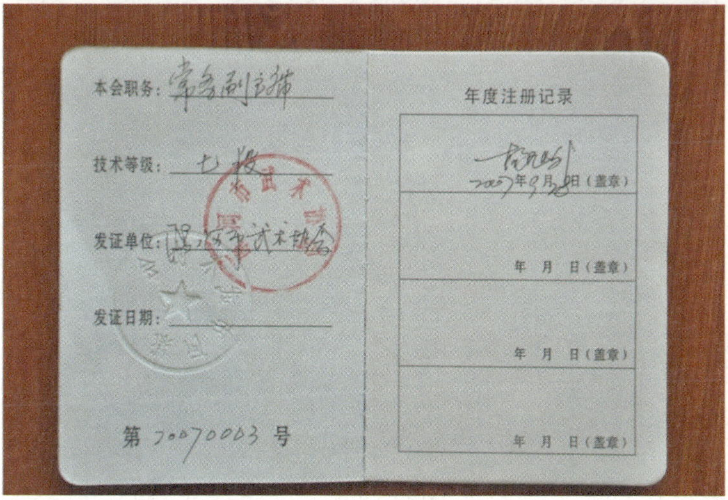
本会职务：
技术等级：
发证单位：
发证日期：
第 号
年度注册记录
年 月 日（盖章）
年 月 日（盖章）
年 月 日（盖章）
年 月 日（盖章）

卫德安所获资格证书

卫德安（左一）与王桐（右二）、李洳波（右一）、王玉松（右三）大师合影

卫德安（右）与武当山道长游玄德大师（左）合影

卫德安（后排中）与陈正雷大师（前排中）合影

卫德安（后排左二）与少林寺释永文大师（前排中）合影

卫德安（右一）与大师郝建统（右二）、游小龙（左二）、宋慧敏（左一）合影

卫德安（中）与河南酒真便利商业连锁管理有限公司总经理杨晓伟（左一）合影

在安徽省明光市心意六合拳研究会成立仪式上卫德安（左一）与全国各流派大师合影

卫德安在香港武术交流会上致辞

卫德安（中）在香港与获奖弟子合影

余勇获奖奖杯

卫德安（第二排左三）及弟子与香港武术家合影

少林寺释永文大师题词

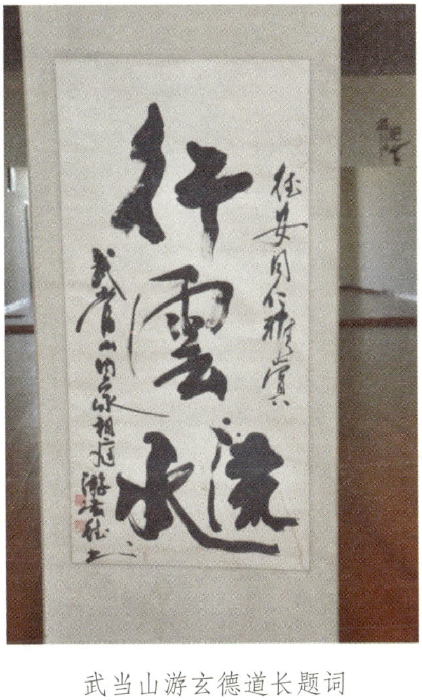

武当山游玄德道长题词

卫德安表演照

卫德安练功照

卫德安练功照

余勇练功照

余勇在韩国比赛中

群体活动照

他 序

欣闻我弟卫德安及其弟子的《传统太极拳119式》一书近期出版，深感欣慰。数百年来，大道至简、以心行意、以意领气、以气运身的太极拳，深受广大武术和健身爱好者的喜爱，习练人群逐年增加。二十多年来，在漯河地区广为流传着一支为一代宗师陈喜芳老先生所创的传统太极拳。陈老先生自幼学习太极拳，一生走南闯北，拜访过许多武术名家，为使这一拳法一脉相承，他把毕生所学传授于爱徒卫德安先生。

我与德安先生交往数十年，关系甚好。他为人忠厚，结友好义，豁达开朗，尊师重道，练功刻苦，寒暑不弃。他为人低调，不慕名利，一生对武术情有独钟。记得五十多年前的冬天，在一个大雪纷飞的清晨，我到南广场去练拳，正做准备活动，就听见广场的北头有人练功发声，这是我和德安先生的初遇。整个一冬我和德安先生都是早上4时就起床，刻苦练功，相互探讨，从此我们便结下了深厚的情谊。德安先生善推手、精技击，有很强的动手能力，他经常利用外出的机会，拜访少林、武当、心意拳、形意拳、八卦掌、陈氏太极拳、杨氏太极拳及吴氏太极拳等名家，和他们切磋交流。

观德安先生练拳，动如抽丝，暗中含圆，力达四梢，伸长拔远，至柔至化，柔如行云流水，化则如入乐境，令人如身临其境，享受无穷之乐趣。

在竞技武术飞速发展的今天，各种拳术流派的习练者为了拿高分，都在不同程度上向高、难、美的竞技要求靠近，却丢失了传统武术的真正内涵。德安先生始终如一，沿着古朴而传统的足迹一步一个脚印地朝夕苦练，其古朴的尚武之风实属难能可贵。

《传统太极拳119式》一书的出版发行，较为系统地展示了传统太极拳的技术要点，学者既可按图索骥，又可获得特有的锻炼价值，还可沿着古朴的传统太极拳顺水而传，扎根民间，造福民众，为中华武术的振兴做出自己的贡献。此书有很高的收藏与传世价值。

国家级非物质文化遗产心意六合拳传承人

世界心意六合拳促进会会长

世界搏击协会监事长

漯河市心意六合拳研究会永久会长

漯河市武术协会主席

李洳波

2018 年 3 月

自序

中华武术历史悠久，博大精深，是中华民族优秀传统文化的重要组成部分。而太极拳又是中华武术百花园中的一朵奇葩，它既是一种文化，又是一种拳术，除可以养生祛病、强身健体外，还有防身技击之作用，多年来深受广大人民群众的喜爱。

本书介绍的这套太极拳法为一代宗师陈喜芳老先生原创。陈老先生自幼练习太极拳，一生致力于传统太极拳研究。他走南闯北、寻师问技，汲取百家之长。晚年陈老先生集平生所学，精心创编了这套太极拳法。他把一生所学传授给我，希望其发扬光大。

本书第一章介绍的传统太极拳119式是由我根据陈老先生所传整理编纂而成。这套拳法心、意、形兼备，身心双修、劲蕴内涵、形象优美、朴素大方、节奏严谨、独特新颖、攻防有备，其行拳走势柔中有刚，刚中有柔，如巨龙一样忽隐忽现，上下盘旋，变化无常，绵柔处如处女守身，刚猛时似霹雳闪电，一招一式险象环生，威慑敌胆，在全国地方拳法中独一无二，具有浓郁的漯河地方特色。它把技击与健身完美地结合起来，有很强的科学性。这一拳法的出现很好地满足了人民群众练功、疗病、强身健体、陶冶情操之需要，锻炼效果奇佳，也能为中华传统武术增光添彩，为人类健康长寿做出了突出贡献。

本书后面介绍的“传统太极拳 24 式”，是我的徒弟余勇从《传统太极拳 119 式》中抽取主要动作整编而成。这套拳简单易学，适合于广大青少年练习，已开始在当地武术特色学校中推广。

由于作者水平有限，敬盼武林同道不吝赐教，望广大读者多提宝贵意见。本书在编写、出版过程中，得到漯河市新华书店、漯河市郾城区新华书店、漯河市武术协会和河南酒真便利商业连锁管理有限公司的大力支持，得到了太极爱好者王荣甲、王向阳、余杨、顿红丽、李群周、林伟亚、陈志凌、惠富梅、李冠军、杨慧琴、张军的热心帮助，友人张金玉、刘光辉、余金奇在本书拍摄和图片整理中做出了特别的贡献，在此一并致谢。

卫德安

2018 年 3 月

目录

传统太极拳119式

预备式

第一段

第一式　太极起势
第二式　左掤势
第三式　懒扎衣
第四式　揽雀尾
第五式　单鞭
第六式　左伏虎势
第七式　右伏虎势
第八式　提手上势
第九式　白鹤亮翅
第十式　左搂膝拗步
第十一式　手挥琵琶
第十二式　左搂膝拗步
第十三式　右搂膝拗步
第十四式　左搂膝拗步
第十五式　手挥琵琶
第十六式　上步擒打
第十七式　右绷腿
第十八式　进步搬拦捶
第十九式　如封似闭
第二十式　十字手

第二段

第二十一式　抱虎归山
第二十二式　揽雀尾
第二十三式　回身右推掌
第二十四式　马步推掌

第三段

图解说明：本书两套拳均面南背北起势。

图中方向为左西右东。虚线代表左手、左脚在下一步中的走势；实线代表右手、右脚在下一步中的走势。书中蹬脚部分表演以图中所示为准，练习时以文字所述为准。其他动作练习时也以文字所述为准。

预备式

双脚并立，松静自然，沉肩坠肘，含胸拔背，屈腋松腕，勾腮悬顶，舌抵上腭，目视前方（图1）。

第一段

第一式　太极起势

第一动：重心右移，右腿屈膝松胯，左脚跟提起，腰左转，左脚向左开半步，前脚掌先着地，然后脚跟着地（图2）；接着双腿屈膝圆裆，两眼目视前方（图3）。

要求：左开步与肩同宽，左脚踏实时要屈膝圆裆，两脚要平行，切忌呈“内八字”或“外八字”。

第二动：两腿后撑，两臂前掤，两手立掌，掌心相对，掤至与肩同高（图4）。

要求：双臂前掤时，以食指向前上方领劲。

攻防：当敌按住我双臂时，利用两膝后撑劲和两臂的掤劲，使敌先向上再向后摔出。

第三动：沉肩坠肘，两臂先向外再向上划弧，两手外开与肩同宽（图5）；屈膝松胯，小臂先向内再向下划弧至胸前，掌心相对（图6）；以腰为轴，两手先向外再向内划圆至胸前，掌心向外，拇指相对，向前按出（图7）；两腿后撑，两手松腕，先向前再向上划弧，两臂前伸，掌心向下（图8）。

要求：以腰为轴，前后对称，虚领顶劲。

攻防：当敌按住我双臂时，我利用开合手化掉其来劲，然后顺势向前按敌胸膛，使其向后摔出。

第四动：两手下采，两腿后撑，双手采至腹前（图9）；然后屈膝松胯，两手按至胯旁（图10）。

要求：两手下采时，百会上领，两腿后撑。

攻防：当敌用双手推按我胸部时，我利用两腿后撑劲，采敌双手，使其向前栽倒。

图1

图2

图3

图 4

图 5

图 6

图 7

图 8

图 9

图 10

第二式　左掤势

第一动：接上势，腰微左转，身体后撑，右手斜向前推出，掌心向前，左手先向后再向下按，掌心向下（图11）；腰继续左转，重心右移，松右腕，变平掌，掌心向下，左手后撑，面向正东（图12）。

第二动：松左胯，腰右转，右手逆缠且掌心向下，左手顺缠且掌心向外，重心移至左腿，右脚掌抬起（图13）。

第三动：腰继续右转，右脚踏实，左脚跟提起（图14）。

第四动：腰左转，重心移至右腿，然后腰右转，松右胯，左脚跟至右脚内侧，前脚掌着地，面向西南（图15）；右手合至左耳旁，左手按至右膝齐，两掌心向外。

第五动：松右胯，身体左转，两臂相合，腰继续左转，屈右膝，抬左腿上步（图16）。

第六动：重心前移，同时左手向上、右手向下划弧，左臂呈弧形掤于胸前，右手按至右胯前；右脚跟同时外踉，身体转正，面向正南（图17）。

图 11

图 12

图 13

图 14

图 15

图 16

图 17

要领：身体松沉，立身中正，左掤时，左臂滚动向上掤于胸前，双臂二圆相撑。

攻防：当敌用右拳击我胸部时，我顺势用右手采敌之手腕，同时上左步，左臂向上，将敌击出。

第三式　懒扎衣

第一动：接上势，松右胯，收左胯，左手收至左胸前，掌心向右，指尖朝前，与肩同高；右手斜向上划弧，呈勾手至小腹前（图18）。

第二动：腰右转，松右胯，右脚蹍，左手推，右手拉（图19）。

第三动：腰继续右转，两手随身体向右后方划弧，左掌心向上，右掌心向下，右脚踏实，左脚掌抬起内扣（图20）；重心右移，左手向上、右手向下划弧，右肘东南，左手西北，左脚跟提起，面向正北（图21）。

第四动：身体左转，重心在右，左脚尖跷起外摆；两手向左划弧，左掌心向下，右掌心微斜向上，转至正南（图22）；然后重心继续前移，左脚踏实（图23）。

第五动：重心前移，右脚跟提起（图24）；身体左转，右脚提至左脚内侧，左脚掌着地；右手向斜下方按出，左手合至右耳旁，面向正南（图25）。

要求：立身中正，前后转动时，松胯松腰。

攻防：当敌出右手进攻我时，我右手采敌右腕，左手托敌肘关节，腰右转，使敌向我左后方摔出（图20、图21）。

图 18

图 19

图 20

图 21

图 22

图 23

图 24

图 25

第四式　揽雀尾

掤：

第一动：接上势，松左胯，身体右转，两臂相合，屈左膝迈右步，右脚跟着地（图26）。

第二动：重心往前移，前脚掌着地；右臂滚动，前掤于胸前，左手向下划弧至小腹前（图27）。

第三动：身体继续右移，重心前移，后脚跟外蹍；手随腰转，屈右臂前掤，掌心向内，左手按至左胯前，面向正西（图28）。

要求：两臂撑圆，屈膝圆裆，前臂滚动掤出。

攻防：当敌左手进攻我胸部时，我右手采敌左手腕，上右步，右臂滚动，将敌掤出。

图 26

图 27

图 28

捋：

第一动：接上势，身体右转，两手随腰向右前方划圆，右手向上，左手向下，掌心相对（图29）。

第二动：身体左转，松左胯，收右胯，重心在左腿；右手向下、左手向上划弧，掌心相对；面朝正西（图30）。

要求：不顶不抗，手随腰动。

攻防：当我拿敌之右臂时，敌必会向后撤，我随敌之力向前送，然后左转，我左手采住敌手腕，右手控制敌左肘，左手向上、右手向下划弧，使敌向前栽出。

图 29

图 30

挤：

第一动：接上势，身体继续右转，右手向下、左手向上划弧，接手于胸前，左手搭于右手腕上，左掌心向外，右掌心向内；身体后坐，右脚尖跷起（图31）。

第二动：重心前移，右脚踏实，两臂前挤，腰背后撑，面朝正西（图32）。

要求：前挤时，百会上领，左腿绷直，腰背后撑，双臂撑圆，力从根发。

攻防：当敌捋我时，我身体右转，利用挤劲，将敌向后挤出。

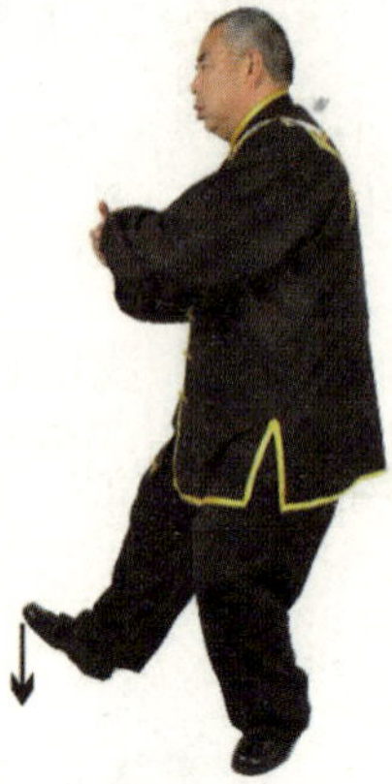

图 31

图 32

按：

第一动：接上势，腰肌打开，两手交叉相合，掌心向下（图33）；向前移重心，腰肌合住，两手打开，掌心斜相对，重心移至左腿（图34）；接着两手先向外再向上划圆，身体后坐，右脚尖跷起，两手后收，落于胸前，掌心斜相对（图35）。

第二动：百会上领，两腿绷直，双手下按至胯前，掌心向下（图36）。

第三动：向后松胯，两手先向外再向内划圆至胸前，掌心斜向下（图37）；接着右脚踏实，左腿后绷，两掌向斜上方用掌根按出，面向正西（图38）。

要求：按掌时，力在掌根，百会上领，前后对撑。

用法：当敌双手攻击我胸部时，我利用两臂划圆，腰背后撑，将敌之力化掉，然后将敌按出。

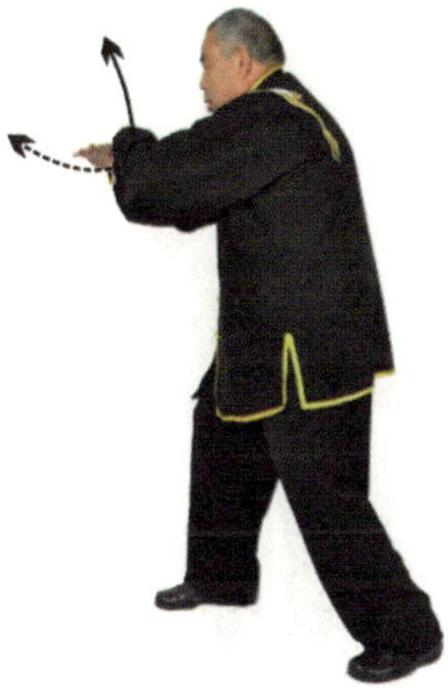

图33

图34

图35

图36

图37

图38

第五式　单鞭

第一动：接上势，松胯松腰，左脚跟抬起，向右转身，右手向上、左手向下划弧，右掌心向下、左掌心向上抱球；左脚跟朝南，重心移至左脚掌，面向正北（图39、附图39）。

第二动：腰左转，重心移至右脚，右手向下、左手向上划弧，左脚踝135度；向前移重心至左脚，右脚跟至左脚内侧，左手在上、右手在下抱球，面朝东南（图40）。

图 39

附图 39

图 40

第三动：松胯，向右转身，两手相合，右脚向斜前方上步，脚跟着地（图41）；身体右转，重心右移，右脚踏实，左手搭在右腕上（图42）；身体左转，接着身体右转，左脚跟至右脚内侧，右手向前按掌，面向西南（图43）。

第四动：撤左脚，右手由掌变勾手，重心后移至左腿，呈吊马步（图44）。

第五动：腰左后转，后坐，右脚尖内扣，左手向左后方划弧，掌心向内（图45）；腰继续左转，左脚尖外摆，重心移至右腿，左手掌外翻（图46）；重心前移，左脚踏实，右手后撑，左手前按，面朝正东（图47）。

要求：立身中正，重心移动要稳。第五动打出时要百会上领，前后对撑。

用法：当敌从正面进攻我时，我用右手叼敌之脉门，敌后挣时，我顺势用腕尖将敌击出（图44、图46）；当敌从左后方来犯时，我随之左转，用掌击其（图47）。

图 41

图 42

图 43

图 44

图 45

图 46

图 47

第六式　左伏虎势

接上势，腰左转，左掌变勾手，右脚跟抬起，重心右移。右手由下向上、左手由上向下划圆，右脚跟提起踱至正南，背朝西南，面朝东北，勾手相对（图48）。

要求：立身中正，沉腰松胯，右肘与左膝合，左肘与右膝合。

用法：当敌进攻时，我腰左转，用右前臂击打敌肩部，用左手勾尖击打敌头部。

图 48

第七式　右伏虎势

第一动：身体右转，重心左移，右手由下向上、左手由上向下划弧，右脚尖踱至西南（图49）。

第二动：腰继续右转，重心先移至右腿，后移至左腿，左脚跟提起踱至正南，面朝西南，背向东北，勾手相对（图50）。

图 49

图 50

要求：立身中正，沉腰松胯，右肘与左膝合，左肘与右膝合。

用法：当敌进攻我时，我腰右转，用左前臂击打敌肩部，用右手勾尖击打敌头部。

第八式　提手上势

第一动：身体左转，左脚踏实，两勾手变掌（图51）；右手下捋至腹前，然后右转，收右腿抱球（图52）。

第二动：提右膝，左腿站直，两手于胸前交叉，然后抬至头上方（图53）；分手蹬脚，两掌心向外（图54）。

第三动：屈膝松胯，右脚跟于右前方落地，两臂外旋下落，右掌心向下，左掌心向上，重心仍在左腿（图55）。

第四动：重心前移，两手向右挒，两掌心相对，面向正西（图56）。

第五动：松腰松胯，左转，重心前移。左脚跟提起，右手向下、左手向上划弧，两掌心斜相对（图57）。

第六动：腰左转，右手由上向下、左手由下向上划弧，掌心相对；同时，左脚尖蹍至正东，向左挒出，右脚跟半步，面向正东（图58）。

要求：蹬脚时，百会上领，左腿直立，右腿前蹬，左手撑，右手按。左右挒时，肘尖必须打出。

用法：当敌用腿进攻我时，我用双臂抱住敌来犯之腿，用右脚蹬敌大腿根部，使敌摔出；当敌从前后进攻我时，我一手采前面来敌之手腕，一手管其肘部，将其挒出，同时用肘尖击后面来犯之敌（图56、图57、图58）。

图 51

图 52

图 53

图 54

图 55

图 56

图 57

图 58

第九式　白鹤亮翅

第一动：接上势，身体右转，右脚跟踏实，重心右移，向右挒出（图59）。

第二动：松胯松腰，身体左转，右手由上向下、左手由下向上划弧，掌心相对，左脚跟微提起（脚跟微提起，图上不做标示，全书同），左转45度（图60）；左脚跟着地；右脚跟半步，前脚掌着地，左手在上、右手在下，两手相合抱球（图61）。

图59

图60

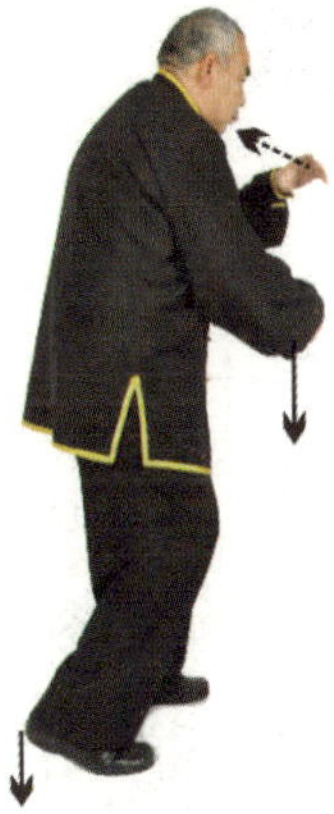
图61

第三动：重心后移，右脚跟着地，同时右掌向左下按出，左手合至右耳旁（图62）。

第四动：腰右转，右手斜向上划弧，掌心斜向前，左手贴于右臂弯处（图63）。

第五动：身体左转，左手向左下方划弧至左膝外侧，指尖朝前，面向正东（图64）。

要求：右手下按时，屈膝松胯，右脚跟着地，百会上领；亮翅时，身体右转，腰背靠出。

用法：当敌从前后进攻我时，我跟半步，用右掌向下按前面来敌之小腹，接着身体右转将后面来敌靠出。

图 62

图 63

图 64

第十式　左搂膝拗步

第一动：接上势，身体左转，右手向下、左手向上划弧，左手置于左上方（图65、附图65）。

第二动：身体右转，左手向下、右手向上划圆，右手置于右上方，右手掌心斜向上，左手掌心斜向下（图66）。

第三动：身体左转，两手于体前划弧，屈右膝，迈左步，左脚跟着地（图67）；左脚踏实，左手搂膝至左膝外侧，右手由耳后向前按出，右脚跟同时外蹍，面向正东（图68）。

要求：转身时要做到上动下不动；右掌前按时呈“S”形先向前再向上按出，百会上领，右腿蹬直，腰背后撑。

用法：当敌用脚踹我下肢时，我左手将敌腿搂开，右手按敌胸膛，将敌击出（图67、图68）。

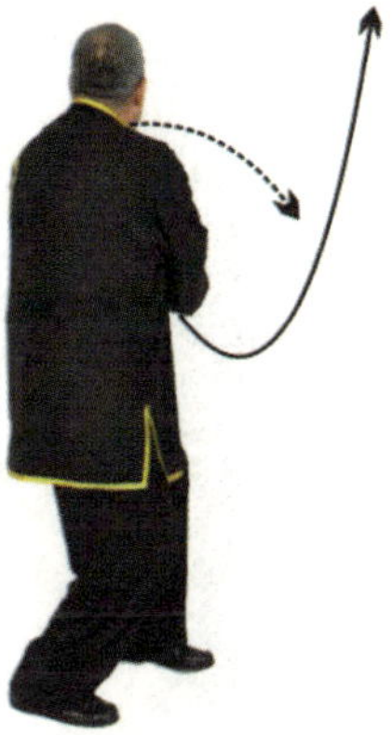

图 65

附图 65

图 66

图 67

图 68

第十一式　手挥琵琶

第一动：接上势，右胯前送，左胯后收，右手松腕前送，变手掌，掌心向下；左手后拉，掌心向后（图69）。

第二动：身体左转，重心移至左脚，右脚跟抬起（图70）；身体右转，左手向上合于右肘下，同时右脚跟着地，左脚跟微抬起（图71）。

图 69

图 70

图 71

第三动：向左转，两手向外划弧（图72）；身体右转，右手向下、左手向上划弧，两掌心相对，同时左脚跟微提起（图73）；身体左转，迈左脚，左脚跟着地，两手相合向前送出，面向正东（图74）。

要求：身体转动时要立身中正，虚实变幻分明，两手前送时要前后对撑，百会上领。

用法：当敌拉我右手时，我向左转，松右胯，向前跟半步将敌

图 72

图 73

图 74

力化掉。然后顺势拿敌之手右转，左手自下而上击打敌肘，接着两手相合，左转将敌送出。

第十二式　左搂膝拗步

第一动：身体右转，右手自下而上划弧，左手向右划弧，合于右肘下；身体右转，左手向下、右手向上划圆，置于右上方，右手掌心斜向上，左手掌心斜向下（图75）。

第二动：身体左转，屈右膝迈左步，左脚跟着地，左手向下划弧搂膝，右手屈臂向下（图76）；左脚踏实，左手搂膝至左膝外侧，右手由耳后向前按出，右脚跟同时外踝，面向正东（图77）。

要求：转身时要做到上动下不动；右掌前按时呈“S”形先向前再向上按出，百会上领，右腿蹬直，腰背后撑。

用法：当敌用脚踹我下肢时，我左手将敌腿搂开，右手按敌胸膛，将敌击出。

图 75

图 76

图 77

第十三式　右搂膝拗步

第一动：接上势，送右胯，收左胯，松右腕送右手（图78）；然后收右胯，送左胯，右手下按，左手上提，掌心向下（图79）。

第二动：身体右转，绷左腿，左手斜向下、右手斜向上掤出（图80）。

图 78

图 79

图 80

第三动：身体向左转，后坐，两手合于胸前，左脚尖跷起45度外摆（图81）；重心前移，左脚踏实，身体左转，右脚提起，跟至左脚里侧（间距约30厘米），前脚掌着地，双手斜向上至西北（图82）。

第四动：身体右转，迈右脚，脚跟着地，右手向右下方划弧（图83）；右手搂膝，左手前按，右脚踏实，左腿绷直，面向正东（图84）。

要求：转身时要做到上动下不动；左掌前按时呈“S”形先向前再向上按出，百会上领，左腿蹬直，腰背后撑。

用法：当敌用脚踹我下肢时，我右手将敌腿搂开，左手按敌胸膛，将敌击出（图83、图84）。

图 81

图 82

图 83

图 84

第十四式　左搂膝拗步

第一动：接上势，送左胯，收右胯，松左腕，送左手（图85）；然后收左胯，送右胯，左手下按，右手上提，双手掌心向下（图86）。

第二动：身体左转，绷右腿，右手斜向下、左手斜向上掤出（图87）。

图 85

图 86

图 87

第三动：身体向右转，后坐，两手合于胸前，右脚尖跷起45度外摆（图88）；重心前移，右脚踏实，身体右转，左脚提起跟至右脚里侧（间距约30厘米），右脚尖着地，两手斜向上至西南，面朝东南（图89）。

图 88

图 89

第四动：身体左转，迈左脚，脚跟着地（图90）；左手搂膝，右手前按，左脚踏实，右腿绷直，面向正东（图91）。

要求：转身时要做到上动下不动；右手前按时呈“S”形先向前再向上按出，百会上领，右腿蹬直，腰背后撑。

用法：当敌用脚踹我下肢时，我左手将敌腿搂开，右手按敌胸膛，将敌击出。

图90

图91

第十五式　手挥琵琶

第一动：接上势，右胯前送，左胯后收。右手松腕前送，变手掌，掌心向下；左手后拉，掌心向后（图92）。

第二动：身体微左转，重心移至左脚，右脚跟抬起（图93）；身体右转，左手向上合于右肘下，同时右脚跟微着地，左脚跟微抬起（图94）。

第三动：身体左转，两手向外划弧（图95）；身体右转，右手向下划弧，两掌心相对，同时左脚跟微提起（图96）；身体左转，左脚尖跷起，两手相合向前送出，面向正东（图97）。

要求：身体转动时要立身中正，虚实变幻分明，两手前送时要前后对撑，百会上领。

用法：当敌拉我右手时，我向左转，松右胯，向前跟半步将敌力化掉。然后顺势拿敌之手右转，左手自下而上击打敌肘，接着两手相合，左转将敌送出。

图 92

图 93

图 94

图 95

图 96

图 97

第十六式　上步擒打

第一动：接上势，腰向左转，左脚尖外摆90度，同时左手向外、右手由上向斜下划弧，左手掌心向下，右手掌心向后，面向东北（图98）。

第二动：重心前移，左脚踏实，左手先向外再向下划弧，握拳至腰间，拳心向上；右手由下向上划弧，握拳，转身上步擒打，右手砸打至胸前，拳心向上，面向正北（图99、附图99）。

要求：立身中正，上下相随，双臂滚动，松沉下打。

用法：当敌从正面向我进攻时，我左手擒敌之手腕，同时转身上步，用右手滚动碰打敌肘关节，使敌向前栽出。

图98

图99

附图99

第十七式　右绷腿

第一动：接上势，腰右转，重心左移，然后腰左转，两手由下向上划圆至腹前，拳心相对；右脚向斜前方上步，面向西北（图100、附图100）。

第二动：屈膝松胯，两拳先向下再向后划弧至两胯前，拳心向后；身体右转，右腿向右后划弧，绷腿，两臂外撑，重心在左，面向东北（图101）。

要求：绷腿时百会上领，腰背后撑，上下一致，中正协调。

用法：当敌后挣时，我用右臂缠敌之左臂，右手搭至敌右肩，身体先左转再右转，顺势绷腿将敌摔出。

图 100

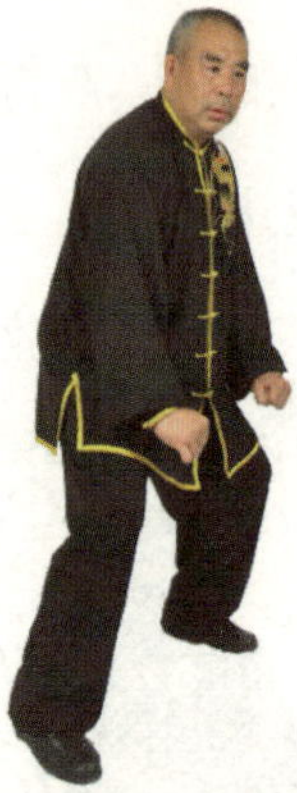

附图 100

图 101

第十八式　进步搬拦捶

第一动：接上势，腰右转，重心右移，左脚尖内扣（图102）。

第二动：身体右转，收右脚，左手向右上方划弧至腹前，拳心向下；右手先向右后，再向左划弧至小腹前，拳心向后（图103）。

第三动：身体先左转，后右转；左手变掌，由上向下划弧至胯前；右手由下向上划弧，同时右脚提起向前迈步，脚跟着地，右手搬至正前方，拳心向内，与肩同高，面向正东（图104）。

图 102

附图 103

图 104

第四动：重心前移，右脚踏实，腰右转，右摆拳；腰左转，左摆拳，重心右移。反复5次（图105-1、图106-1、图105-2、图106-2、图105-3）。

图 105-1

图 106-1

图 105-2

图 106-2

图 105-3

第五动：身向左转，重心左移，右摆拳（图107）；右脚尖跷起，身体右转；右手变掌，向右划弧，左手后撑，右掌心向上，左掌心向后（图108）；身体右转，右脚尖外摆后落地，右手向外划圆变拳至腰间，左手先向外再向前划圆至前方，左脚跟至右脚内侧，重心在右，面向东南（图109）。

第六动：身体左转，上左脚，脚跟着地，左手外拦；身体左转，重心前移，左脚踏实，右拳打出，拳眼向上；左手收至右肘内侧，掌心向下，面向正东（图110）。

图 107

图 108

图 109

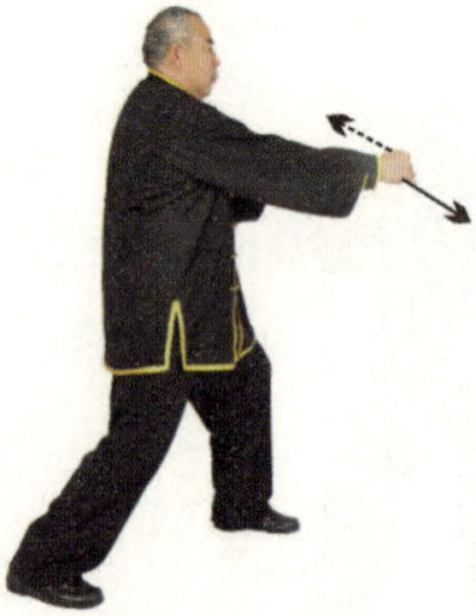

图 110

要求：以腰带动四肢，周身协调。

用法：当敌进攻我面部时，我用左手下压敌手，上右步，右拳由上向下击打敌头顶或面部；敌后撤时，我上左步，左手拦，右手用拳将敌打出。

第十九式　如封似闭

第一动：接上势，向右转，左手经右手掌外缘，两手向外划弧，掌心向下（图111）。

第二动：向左转，两手外旋交叉相合，掌心向内（图112）。

第三动：向右转，两手内缠，再向左转，右手腕尖打出，左手搭于右小臂处（图113）。

第四动：左转，两手交叉，掌心向下（图114）。

第五动：右转，重心后移，左脚尖跷起，两手向外划弧打开，掌心相对（图115）。

第六动：身体左转，重心后移，左脚踏实，两手下按（图116）。

第七动：向后松胯，左脚尖跷起，两手先向外再向内划圆至胸前，拇指相对，两手心斜向下（图117）；接着，两手向斜上方用掌根按出，左脚踏实，右腿后绷，面向正东（图118）。

要求：以腰为轴，四肢相随，协调一致，力从根发。

用法：当敌进攻我时，我利用如封似闭，将敌力化掉，然后将敌按出。

图 111

图 112

图 113

图 114

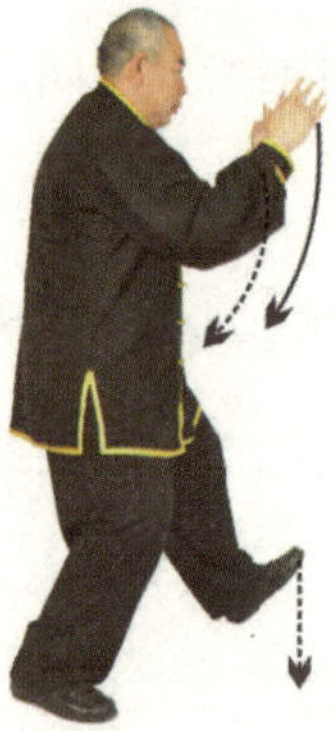

图 115

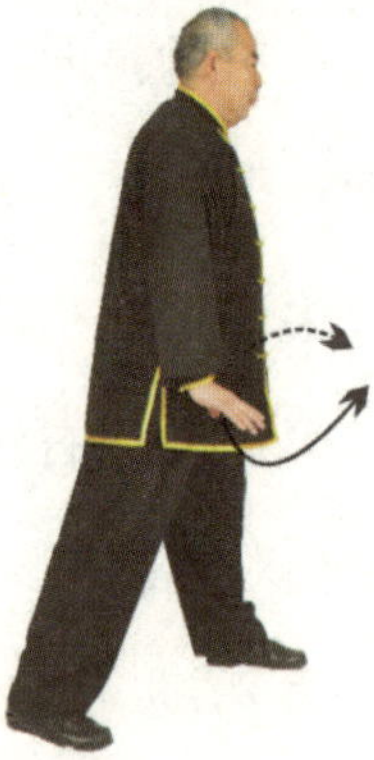

图 116

图 117

图 118

第二十式　十字手

第一动：接上势，身体左转，右手前推，左手后拉（图119）。

第二动：身体右转，重心右移，左手前推，右手后拉，左脚尖内扣（图120）；右手向右划弧，右脚尖外摆45度，两掌心向下，呈右弓步（图121）。

第三动：屈膝松胯，身体左转，右脚尖内扣，两臂交叉于胸前，掌心向内；身体左转，收右脚，再右转，面向正南（图122）。

要求：立身中正，切忌弯腰低头。

用法：当敌从侧面进攻我时，我右转将敌之力化掉，然后用双臂抱住敌腿，将敌抛出。

图 119

图 120

图 121

图 122

第二段

第二十一式　抱虎归山

第一动：接上势，身体右转，重心左移；松胯松腰，屈膝下沉，右手由上向下再向上划弧至右耳斜上方，左手向右划弧，与右肘相合，面向正西（图123）。

第二动：身体左转，右手向前按出，左手经体前向左下方划弧至左胯前。右手掌心向前，左手掌心向下，面向正南（图124）。

第三动：身体左转，重心右移，提左脚，向斜前方上步；身体右转，左手由下向上、右手由上向下划弧（图125）；身体右转，左脚尖内扣，左脚踏实，身体继续右转，收右脚（图126）；右脚向前迈步，搂膝推掌，面向正西（图127）。

第四动：松胯松腰，身体右转，重心后移，右手由下向上划弧，左手随腰转，与右肘相合，两手斜向上抱球，面向东北（图128）。

第五动：身体左转，重心前移，两手随腰划弧至正前方，两掌心斜相对，面向正西（图129）。

要求：松腰松胯，逢转必沉。

用法：当敌从正面进攻我时，我抱敌右转，将敌来力化掉；当敌后挣时，我身体左转将敌摔出（图127、图128、图129）。

图 123

图 124

图 125

图 126

图 127

图 128

图 129

第二十二式　揽雀尾

捋：

身体左转，松左胯，收右胯，重心在左腿，右手向下、左手向上划弧，掌心相对，面朝正西（图130）。

图 130

要求：不顶不抗，手随腰动。

用法：当我拿敌之右臂时，敌必会向后撤，我随敌之力向前送，然后左转；我左手采住敌手腕，右手控制敌左肘，左手向上、右手向下划弧，使敌向前栽出。

挤：

第一动：接上势，身体继续右转，右手向下、左手向上划弧，接手于胸前，左手搭于右手腕上，左掌心向外，右掌心向内，身体后坐，右脚尖跷起（图131）。

第二动：重心前移，右脚踏实，两臂前挤，腰背后撑，面朝正西（图132）。

图 131

图 132

要求：前挤时，百会上领，左腿绷直，腰背后撑，双臂撑圆，力从根发。

用法：当敌捋我时，我身体右转，利用挤劲，将敌向后挤出。

按：

第一动：接上势，腰肌打开，两手交叉，左手在上，右手在下，两掌心向下（图133）；向前移重心，腰肌合住，两手打开，掌心相对（图134）；接着两手先向外再向上划圆，身体后坐，右脚尖跷起，重心移至左腿，两手后收，落于胸前，掌心斜向下（图135）。

第二动：百会上领，两腿绷直，双手下按至胯前，掌心向下（图136）。

第三动：向后松胯，两手先向外再向内划圆至胸前，两掌心斜向下（图137）；接着右脚踏实，左腿后绷，两掌向斜上方用掌根按出，面向正西（图138）。

要求：按掌时，力在掌根，百会上领，前后对撑。

用法：当敌用双手攻击我胸部时，我利用两臂划圆，腰背后撑，将敌之力化掉，然后将敌按出（图136、图137、图138）。

图 133

图 134

图 135

图 136

图 137

图 138

第二十三式　回身右推掌

第一动：松腰松胯，两膝下沉，两手向外划弧，两掌心斜相对，重心前移，左脚跟提起（图139）；身体下沉，左转135度，左脚踏实，重心前移，右脚外踬，后脚跟提起，两手向外划弧，面向正南（图140）。

第二动：身体右转，右脚提起，再左转，右脚跟上，前脚掌着地，两手向内划弧抱球，掌心相对，面向东南（图141）。

第三动：屈膝松胯，身体左转，右手向前立掌推出，同时右脚向右跐出，左手收至右臂肘弯处，面向正东（图142）。

要求：转动中身体中正协调；右脚跐出时，脚掌不能离地。

用法：当敌从后面进攻我时，我转身用左手将敌手揽开，右掌推敌胸膛。

图 139

图 140

图 141

图 142

第二十四式 马步推掌

身体右转，右手后拉，左手立掌推出，两腿变为马步（图143）。

要求：立身中正，两腿圆裆，百会上领。

用法：当敌前后夹击我时，我分别用前掌和后肘攻击前后来犯之敌。

图 143

第二十五式　左推掌

接上势，身体右转，重心左移，左手右转向左下按掌，右手向右划弧，面向正西（图144）；身体左转，重心右移，右手向左划弧，掌心向下，左掌向左后划弧（图145）；身体右转，重心左移，右手外掤，左手立掌推出，右手收至左臂肘弯处，面向正西（图146）。

要求：转动中立身要中正协调。

用法：当敌从右后进攻我时，我右转，用右手将敌外掤，左手立掌推敌胸膛。

图 144

图 145

图 146

第二十六式　下切掌

接上势，身体左转，重心左移，左手后拉，右手下切，立掌，掌心向内（图147）。

要求：屈膝松胯，左手后拉时，肘要斜向上；右手下切时，切至脚踝处，面向西南。

用法：当敌从正面用腿进攻我时，我用右手切敌脚踝，同时用左肘击打后面来犯之敌。

图 147

第二十七式　右左插掌

第一动：接上势，身体右转，重心继续左移，右手向右划弧，掌心向上；重心前移，左腿后蹬，右手向上斜插，左手后按，面向正西（图148）。

第二动：身体左转，左脚尖跷起外摆，左手向左划弧，掌心向上，重心前移，右脚跟外蹍，前脚掌着地，两手同时向外插出；左掌心向上，右掌心向外，面向正东（图149）。

要求：周身协调，插掌时，食指中指领劲。

用法：当敌前后夹击我时，我用右手插前面来敌之眼睛，接着迅速后转，用左手插后面来敌之咽喉。

图 148

图 149

第二十八式　肘底看捶

接上势，身体右转，重心前移，左手前插，右手后撑，右脚跟半步（图150）；身体右转，右手外旋斜插，左手内旋后撑（图151）；身体左转，右脚跟踏实，右手向上划圆至腹前变拳，拳眼向上，同时左手向下划圆至胸前与右手相合（图152）；左手立掌前送，右手后拉，同时左脚尖抬起，变左虚步，面向正东（图153）。

要求：转移重心时，身体要中正，切忌前俯后仰。

用法：当敌从正面进攻我时，我左手下压敌手，右掌击打敌面门；当敌后挣时，我右手向下采敌之手，左手立掌前送，击敌胸膛。

图 150

图 151

图 152

图 153

第二十九式　左右倒撵猴

（一）

接上势，松胯松腰，身体右转，左手前推，右拳变掌，向右后方靠出（图154）。身体继续右转，两腕放松，重心前移，前脚掌踏实（图155）。身体左转，左手向上划弧，掌心向上；右手向外划弧，掌心向下；左脚跟微提起，左转，后拉；身体转正，两手相合，呈抱球状，面向正东（图156）。

图154

图155

图156

（二）

身体重心后移至右腿，左脚提起并后撤，左脚跟踏实（图157）。右脚外踬，身体左转，右手前推。同时，身体向左靠出（图158）。身体左转，两腕放松，重心前移，右脚踏实（图159）。身体右转，左手向上划弧，右手向外划弧且掌心翻转向上；右脚跟提起并后拉；身体转正，两手相合，呈抱球状，面向正东（图160）。

图 157

图 158

图 159

图 160

（三）

重心后移至左腿，右脚提起并后撤，右脚踏实（图161）。左脚外踞，身体右转，右手前推，同时，身体向右靠出（图162）。身体左转，两腕放松，重心前移，左脚踏实（图163）。身体左转，右手向上划弧，左手向外划弧，掌心向上，左脚跟提起并后拉，身体转正，两手相合，呈抱球状，面向正东（图164）。

要求：左右手向外划弧时，一定划至手心向上，手形呈瓦楞状。

用法：当敌从正面抓住我手腕时，我被拿之手松腕外缠，顺势擒敌之手，我另一只手下压敌肘；敌后挣时，我撤步，用手掌击打敌面部。

图161

图162

图163

图164

第三十式　斜飞势

第一动：接上势，重心后移至右腿，左脚提起并后撤，重心后移，左脚跟踏实（图165）；右脚外踝，身体左转，右手前推，同时身体向左靠出（图166）；身体右转，两腕放松，重心前移（图167）。

第二动：身体右转，两臂随身体右转，重心移至右腿；身体左转，两臂外旋，两手心翻转；两手交叉于胸前，左手在外，右手在内，两掌心向内，面向东北（图168）。身体右转，两手外开，右脚旋转撤步（图169）。重心右移，左脚尖内扣；身体右转，收右脚，双手抱球，右脚掌着地，面向东南（图170）。

图 165

图 166

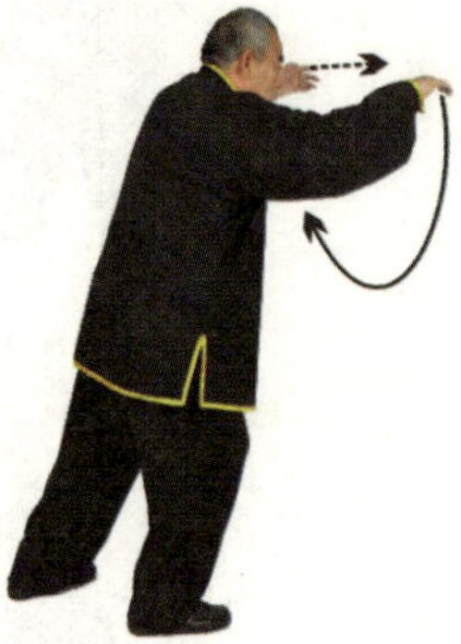

图 167

图 168

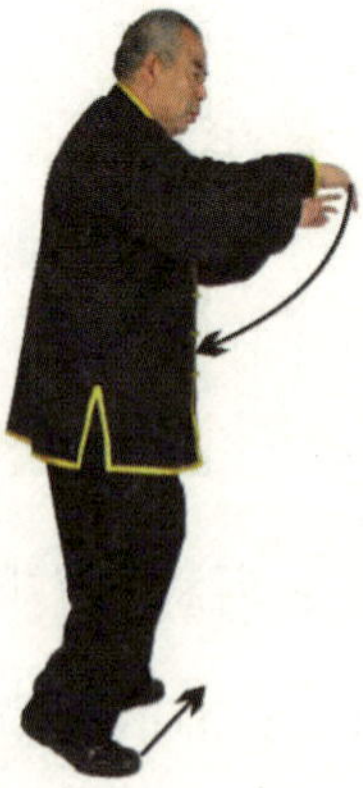

图 169

图 170

第三动：松胯松腰，两臂交叉，右脚向斜前方上步，脚跟着地（图171）；身体右转，右臂上掤，左臂下拉，右脚踩地，左腿后蹬，面向东南（图172）。

要求：斜飞时，百会上领，对拉拔长。

用法：当敌从正面进攻我时，我左手采敌之手，同时上右步，身体右转，右臂向斜上方掤出。

图 171

图 172

第三十一式　提手上势

第一动：身体左转，左脚外踬，两手下捋至腹前（图173）；然后右转，收右腿，双手抱球（图174）。

第二动：提右膝，左腿站直，两手胸前交叉，然后抬至头上方（图175）；分手蹬脚，两掌心向外（图176）。

第三动：屈膝松胯，右脚跟于右前方落地，两臂外旋下落，右掌心向下，左掌心向上，重心仍在左腿（图177）。

第四动：重心前移，两手向右捌，两掌心相对，面向正西（图178）。

图 173

图 174

图 175

图 176

图 177

图 178

第五动：松腰松胯，左转，重心前移，左脚跟提起；右手向下、左手向上划弧，两掌心斜相对（图179）。

第六动：腰左转，右手由上向下、左手由下向上划弧，两掌心相对（图180）；同时，左脚掌蹍至正东，向左挒出，右脚跟半步，面向正东（图181）。

要求：蹬脚时，百会上领，左腿直立，右腿前蹬，左手撑，右手按。向左右挒时，肘尖必须打出。

用法：当敌用腿进攻我时，我用双臂抱住敌来犯之腿，用右脚蹬敌大腿根部，使敌摔出。当敌从前后进攻我时，我一手采前方来敌之手腕，一手管住其肘部，将其挒出，同时用肘尖击后面来犯之敌。

图179

图180

图181

第三十二式　白鹤亮翅

第一动：接上势，重心右移，向右捌出（图182）。

第二动：松胯松腰，右手由上向下、左手由下向上划弧，掌心相对，左脚跟提起，左转45度，左脚掌落地（图183）；左脚跟着地，右脚跟半步，左手在上、右手在下，两手相合抱球（图184）。

第三动：重心后移，右脚跟着地，同时右掌向左下方按出，左手合至右耳旁（图185）。

第四动：腰右转，右手斜向上划弧，掌心斜向前，左手贴于右臂弯处（图186）。

第五动：身体左转，左手向左下方划弧至左膝外侧，指尖朝前，面向正东（图187）。

要求：右手下按时，屈膝松胯，右脚跟着地，百会上领；亮翅时，身体右转，腰背靠出。

用法：当敌从前后进攻我时，我跟半步，用右掌下按前面来敌之小腹，接着身体右转将后面来敌靠出。

图 182

图 183

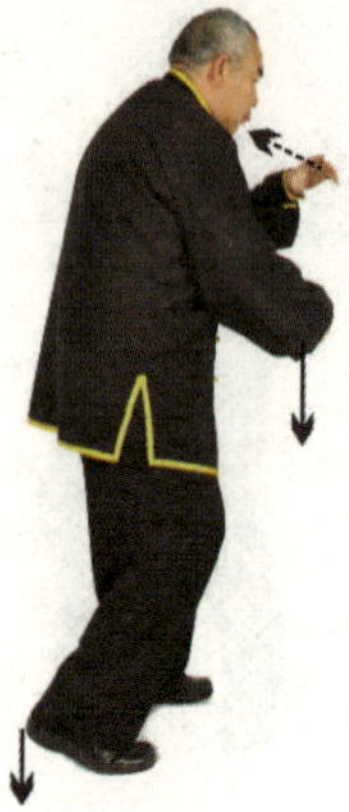

图 184

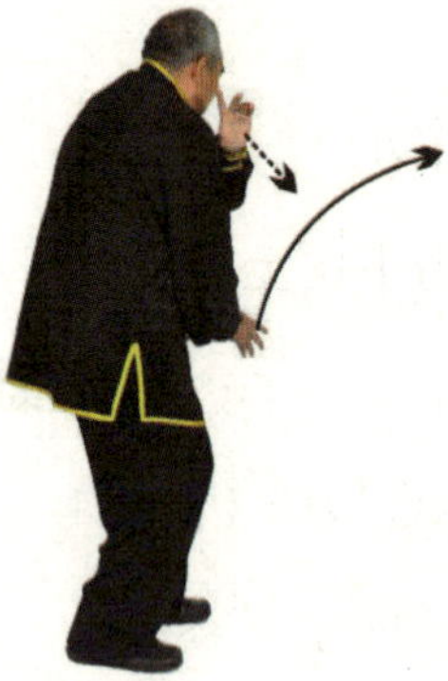

图 185

图 186

图 187

第三十三式　左搂膝拗步

第一动：接上势，身体左转，右手向下、左手向上划弧，左手至左上方（图188、附图188）。

第二动：身体右转，左手向下、右手向上划圆，右手置于右上方，右手掌心斜向上，左手掌心斜向下（图189）。

第三动：身体左转，两手于体前划弧，屈右膝迈左步，左脚跟着地（图190）；左脚踏实，左手搂膝至左膝外侧，右手由耳后向前按出，右脚跟同时外蹍，面向正东（图191）。

要求：转身时要做到上动下不动；右掌前按时呈“S”形先向前再向上按出，百会上领，右腿蹬直，腰背后撑。

用法：当敌用脚踹我下肢时，我左手将敌腿搂开，右手按敌胸膛，将敌击出（图190、图191）。

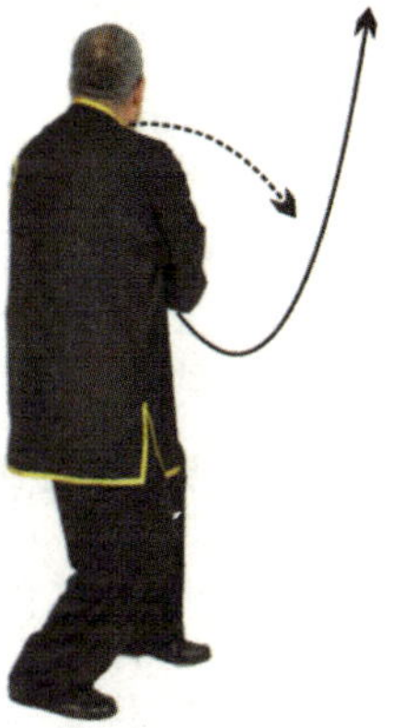
图 188

附图 188

图 189

图 190

图 191

第三十四式　海底针

第一动：接上势，右胯前送，左胯后收，身体左转，松右腕，变平掌，掌心向下，左手后拉，右手前按（图192）；向右转，右脚跟提起（图193）；向左转，右脚跟半步，前脚掌着地（图194）。

第二动：身体右转，重心后移，右脚踏实，同时，右手向后上划圆至右耳上，左手随腰转动，向右划平弧（图195）；身体左转，左手向左划弧至左膝外，右手先向下再向前斜插，面向正东（图196）。

要求：松胯下沉，转动时要协调，下插时目视斜前方，重心在后，切忌低头弯腰。

用法：当敌从正面拉我右手时，我跟半步，松右掌将敌之力化掉，再顺势用右手采敌之手腕，用左手击打敌肘部（图192、图193、图194）；当敌从前后进攻我时，我身体右转，向后划弧击打后面来犯之敌，接着身体左转，左手向左划弧拨开前面来敌之进攻，右手下插其裆部（图195、图196）。

图 192

图 193

图 194

图195

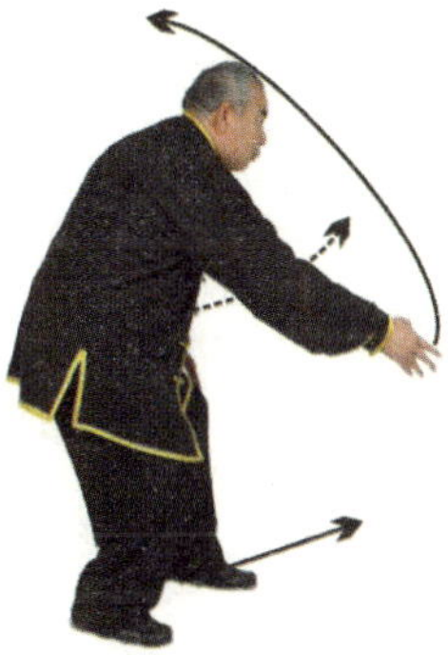

图196

第三十五式　闪通臂

接上势，身体右转，两手向上划弧相合；左脚上半步，脚跟着地（图197）；身体右转，左手斜向下、右手斜向上划弧，左脚踏实，身体打开，呈左弓步，面向正东（图198）。

要求：眼随手动，目视前方3米处，左脚踏实时脚掌下踩。

用法：接海底针，敌后退时，我上步，用左手击打敌面部。

图197

图198

第三十六式　转身进步搬拦捶

第一动：重心后移，身体右转，左脚尖跷起内扣后落地，两手随腰右转至正面（图199）。身体左转，两手下捋，掌心相对（图200）。身体右转，左手向上、右手向下划弧，右脚收至左脚处（间隔约20厘米）；左手至胸前，掌心向下；右手至裆前变拳，拳心向内，面向西南（图201）。

第二动：身体右转，左手由上向下划弧至胯前，右手由下向上划弧，同时右腿提起，向前上步，脚跟着地，右手搬至正前方，拳心向内，与肩同高，面向正西（图202）。

第三动：重心前移，右脚踏实（图203）。

第四动：身体右转，重心后移，右脚尖跷起，右手变掌，左手后撑，右掌心向上，左掌心向后（图204）。身体右转，前脚尖外摆，右手向外划圆变拳至腰间，左手先向外再向前划弧至前方，左脚跟至右脚内侧，重心在右，面向西北（图205）。

第五动：身体左转，上左腿，脚跟着地（图206）。左手外拦，身体左转，重心前移，左脚踏实，右拳打出且拳眼向上，左手收至右肘内侧，掌心向下，面向正西（图207）。

要求：以腰带动四肢，周身协调。

用法：当敌进攻我面部时，我用左手下压敌手，上右步，右拳由上向下击打敌头顶或面部；敌后撤时，我上左步，左手拦，右手用拳将敌打出。

图 199

图 200

图 201

图 202

图 203

图 204

图 205

图 206

图 207

第三十七式　上步揽雀尾

接上势，身体右转，两手向外划弧，重心在后，左脚尖跷起；身体右转，右手向上、左手向下划弧，右掌心向前，左掌心向内（图208）。身体左转，右手向下划弧，左手向上划弧，重心前移，左脚尖外摆45度踏实，双手呈抱球状（图209）。身体左转，重心前移，左脚踏实，右脚提起旋转至左脚内侧，双手抱球，面向西南（图210）。

图 208

图 209

图 210

掤：

第一动：接上势，松左胯，身体右转，两臂相合，屈左膝迈右步，右脚跟着地（图211）。

第二动：往前移重心，前脚掌着地，右臂滚动，前掤于胸前，左手向下划弧至小腹前（图212）。

第三动：身体继续右转，重心前移，后脚跟外蹍，手随腰转，屈右臂前掤，掌心向内，左手按至左胯前，面向正西（图213）。

要求：两臂撑圆，屈膝圆裆，前臂滚动掤出。

用法：当敌用左手进攻我胸部时，我右手采敌左手腕，上右步，右臂滚动将敌掤出。

图211

图212

图213

捋：

第一动：接上势，身体右转，两手随腰向右前划圆，右手在上，左手在下，掌心相对（图214）。

第二动：身体左转，松左胯，收右胯，重心在左腿，右手向下、左手向上划弧，掌心相对，面朝正西（图215）。

要求：不顶不抗，手随腰动。

用法：当我拿敌之右臂时，敌必会向后撤，我随敌之力向前送，然后左转，我左手采住敌手腕，右手控制住敌左肘，左手向上、右手向下划弧，使敌向前栽出。

图214

图215

挤：

第一动：接上势，身体继续右转，右手向下、左手向上划弧，接手于胸前，左手搭于右手腕上，左掌心向外，右掌心向内，身体后坐，右脚尖跷起（图216）。

第二动：重心前移，右脚踏实，两臂前挤，腰背后撑，面朝正西（图217）。

要求：前挤时，百会上领，左腿绷直，腰背后撑，双臂撑圆，力从根发。

用法：当敌捋我时，我身体右转，利用挤劲，将敌向后挤出。

图 216

图 217

按：

第一动：接上势，腰肌打开，两手交叉，掌心向下（图218）；向前移重心，腰肌合住，两手打开，掌心相对，重心移至左腿（图219）；接着两手先向外再向上划圆，身体后坐，右脚尖跷起，两手后收，落于胸前，掌心斜向下（图220）。

第二动：百会上领，两腿绷直，双手下按至胯前，掌心向下

（图221）。

第三动：向后松胯，两手先向外再向内划圆至胸前，掌心斜相对（图222）；接着右脚踏实，左腿后绷，两掌向斜上方用掌根按出，面向正西（图223）。

要求：按掌时，力在掌根，百会上领，前后对撑。

用法：当敌双手攻击我胸部时，我利用两臂划圆，腰背后撑，将敌之力化掉，然后将敌按出。

图 218

图 219

图 220

图 221

图 222

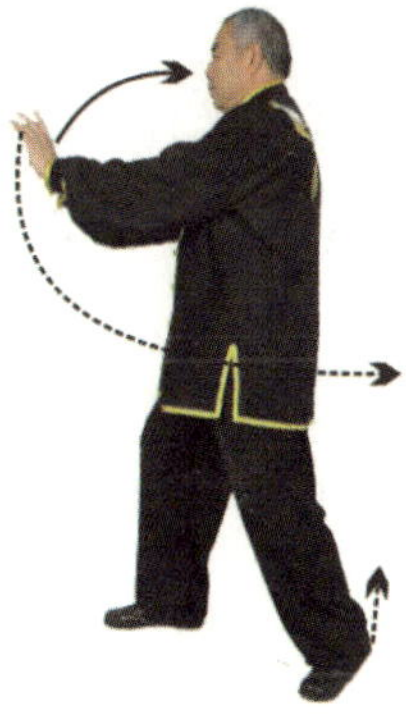

图 223

第三十八式　单鞭

第一动：接上势，松胯松腰，左脚跟抬起，向右转身，右手向上、左手向下划弧，右掌心向下、左掌心向上抱球；左脚跟朝东南，重心移至左脚掌，面向正北（图224、附图224）。

第二动：腰左转，重心移至右脚，右手向下、左手向上划弧，左脚外踝135度（图225）；向前移重心至左脚，右脚跟至左脚内侧，左手在上、右手在下抱球，面朝东南（图226）。

第三动：松胯，身体右转，两手相合，右脚向斜前方上步，脚跟着地（图227）；身体右转，重心右移，右脚踏实，左手搭在右腕上（图228）；身体左转，再右转，左脚跟至右脚内侧，右手掌心翻向前后再向前按掌，面向西南（图229）。

第四动：撤左步，右手由掌变勾手，重心后移至左腿，呈吊马步（图230）。

第五动：腰左后转，后坐，右脚尖内扣，左手向左后方划弧，掌心向内（图231）。腰继续左转，左脚尖外摆，重心移至右腿，左手掌外翻（图232）。重心前移，左脚踏实，右手后撑，左手前按，面朝正东（图233）。

要求：立身中正，重心移动要稳。第五动打出时要百会上领，前后对撑。

用法：当敌从前面进攻我时，我用右手叼敌之脉门，敌后挣时，我顺势用腕尖将敌击出。当敌从我左后方来犯时，我随之左转，用掌击按该敌。

图 224

附图 224

图 225

图 226

图 227

图 228

图 229

图 230

图 231

图 232

图 233

第三十九式　云手

（一）

第一动：接上势，身体右转，重心前移，右脚外踞，左手向前，松左腕，左手变平掌，掌心向下（图234）；重心后移，身体右转，右手勾手变掌向上划圆，左手向下划圆，左脚尖内扣，重心左移，面向西南（图235）。

图 234

图 235

第二动：身体左转，左手向上、右手向下划圆（图236）；身体右转，右手向上、左手向下划弧（图237）；身体左转，收右脚，与左脚平行，前脚掌着地，面向东南（图238）。

图 236

图 237

图 238

（二）

第一动：身体右转，右脚踏实，右手向上、左手向下经体前划圆，左脚跟提起（图239）。

第二动：松右胯，上左步，前脚掌着地（图240）；向左转，左脚踏实，左手向上、右手向下划弧，右脚跟上，与左脚平行（图241）。

图 239

图 240

图 241

（三）

第一动：身体右转，右脚踏实，右手向上、左手向下经体前划圆，左脚跟提起（图242）。

第二动：松右胯，上左步，前脚掌着地（图243）；向左转，左脚踏实，左手向上、右手向下划弧，右脚跟上，与左脚平行（图244）。

图 242

图 243

图 244

（四）

第一动：身体右转，右脚踏实，右手向上、左手向下经体前划圆，左脚跟提起（图245）。

第二动：松右胯，上左步，前脚掌着地（图246）；向左转，左脚踏实，左手向上、右手向下划弧，右脚跟上，与左脚平行（图247）。

要求：身体中正，两手随腰转动划立圆，两脚平行时间隔约30厘米。

用法：当敌进攻我时，我利用旋转一手将敌之力化掉，另一手击打敌肘部。

图245

图246

图247

第四十式　单鞭

第一动：接上势，身体右转，右脚踏实，右手向上、左手向下经体前划圆（图248）；松右胯，上左步，前脚掌着地（图249）；向左转，左脚尖外摆，收右步，两手于体前划圆，面向东南（图250）。

第二动：身体右转，左手向外、右手向内划圆，两手交叉，右掌心向内，左掌心向下（图251）；身体左转，左手先向内再向上划圆，右手先向外再向下划圆，右掌心向上、左掌心向下抱球（图252）。

第三动：松胯，腰左转，两手相合，右脚向斜前方上步，脚跟着地（图253）；身体右转，重心右移，右脚踏实，左手搭在右腕上（图254）；身体左转，再右转，左脚跟至右脚内侧，右手向前按掌，面向西南（图255）。

第四动：撤左步，右手由掌变勾手，重心后移至左腿，呈吊马步（图256）。

第五动：腰左后转，后坐，右脚尖内扣，左手向左后方划弧（图257）；腰继续左转，左脚尖外摆，重心移至右腿（图258）。重心前移，左脚踏实，左手前按，面朝正东（图259）。

要求：立身中正，重心移动要稳。第五动打出时要百会上领，前后对撑。

用法：当敌从前面进攻我时，我用右手叼敌之脉门，敌后挣时，我顺势用腕尖将敌击出；当敌从左后方来犯时，我随之左转，用掌击按该敌。

图 248

图 249

图 250

图 251

图 252

图 253

图 254

图 255

图 256

图 257

图 258

图 259

第四十一式　高探马

第一动：接上势，重心前移，右脚跟提起，松右腕（图260）；身体右转，右脚跟半步，右手变平掌，两手同时外旋，掌心向上，左手前插（图261）。

第二动：身体右转，重心后移，右脚跟着地，右手斜向上插掌，掌心向上；左手后撑，掌心向下（图262）。身体左转，右手向上划弧，左手外旋，掌心向上。身体继续左转，左手后拉至小腹前，右手向前推出，左手掌心向上，右手掌心向前；左脚后拉半步，呈虚步，面向正东（图263）。

要求：松胯松腰，周身中正协调。

用法：当敌从前后进攻我时，我先用左手插前面来敌之咽喉，然后转身后坐，用右手插后面来敌之眼睛。

图 260

图 261

图 262

图 263

第四十二式　进步推掌

第一动：接上势，身体右转，两手同时向外划圆，左手掌心向上，右手掌心向下（图264）；身体左转，左手内旋，右手外旋，转至胸前，两手交叉相合，同时左脚提起并后收（图265）。

第二动：左脚向前上步，脚跟着地（图266）；重心前移，左脚踏实，右脚跟步推掌，面向东南（图267）。

要求：进步推掌时，要上下一致，腰胯松沉。

用法：接上势，当我前推，敌后撤或擒拿我手时，我迅速右转将敌来力化掉，然后左转，两手交叉，同时进步推掌，将敌击出。

图 264

图 265

图 266

图 267

第四十三式　右分脚

接上势，身体右转，两手向外划弧，掌心向下（图268）；身体继续右转，屈膝松胯，右腿提起，两手于胸前交叉（图269）；两手上举向外划圆，左手斜向上撑，掌心向外，右手向上划弧，变立掌，同时，右腿蹬起，脚面绷直外分，面向西南（图270）。

要求：分脚时，两腿要直，百会上领，身体中正。

用法：当敌从正面攻击我时，我迅速抬起右脚并向外分脚，击打敌裆部。

图 268

图 269

图 270

第四十四式　进步推掌

接上势，右腿屈膝收回，两掌内旋，掌心相对，右掌心向上，左掌心向下（图271）；右脚向斜前方上步，脚跟落地（图272）；重心前移，前脚掌踏实，左脚跟步推掌；左掌前推，掌心向外，右掌心向内；面向西南（图273）。

要求：进步推掌时，要上下一致，腰胯松沉。

用法：当我前推，敌后撤或擒拿我手时，我迅速右转将敌来力化掉，然后左转，两手交叉，同时进步推掌，将敌击出。

图 271

图 272

图 273

第四十五式　左分脚

接上势，身体左转，右脚尖内扣，两手向外划弧，掌心向下（图274）。身体继续左转，屈膝松胯，左腿提起，两手于胸前交叉，左手在外，右手在内（图275）。两手上举，向外划圆，右手斜上撑，掌心向外，左手向外划弧变立掌；同时左脚蹬起，脚面绷直外分，面向正东（图276）。

要求：分脚时，两腿要直，百会上领，身体中正。

用法：当敌从正面攻击我时，我迅速右脚抬起向外分脚，击打敌颈部。

图 274

图 275

图 276

第四十六式　进步推掌

接上势，左腿屈膝收回，两掌内旋，掌心相对（图277）；左脚向斜前方上步，脚跟着地（图278）；重心前移，前脚掌踏实，右脚跟步；推掌，右掌心向外，左掌心向内，面向正东（图279）。

要求：进步推掌，要上下一致，腰胯松沉。

用法：当我前推，敌后撤或擒拿我手时，我迅速右转将敌来力化掉，然后左转，两手交叉，同时进步推掌，将敌击出。

图 277　　图 278　　图 279

第四十七式　转身左蹬脚

第一动：接上势，身体左转，左脚尖外摆，两手向外划圆，两掌心向下（图280、附图280）；重心前移，身体左转，右脚跟进，右脚尖内扣（图281）。

第二动：重心右移，身体左转，屈膝松胯，左腿提起，两手于胸前交叉（图282）；两手上举向外划圆，右手斜向上撑，掌心向外，左手向外划弧变立掌，同时，左脚蹬出，面向正西（图283）。

要求：蹬脚时，两腿要直，百会上领，身体中正。

用法：当敌从后面用腿向我进攻时，我迅速后转，用手将敌腿拦开，用左脚将敌蹬出。

图 280

附图 280

图 281

图 282

图 283

第四十八式　左搂膝拗步

第一动：接上势，身体右转，左脚屈膝收回，右手向下划弧至腰间且掌心向下，左手向右上方划弧且掌心向上（图284）；身体右转，左手先向上再向下划圆，右手先向下再向上划圆，两掌心相对，在斜上方抱球（图285）。

第二动：身体左转，左脚向前上步，脚跟着地，左手向下划弧搂膝，右手屈臂至右耳后（图286）；左脚踏实，左手搂膝至左膝外侧，右手由耳后向前按出，右脚跟同时外碾，面向正西（图287）。

要求：转身时要做到上动下不动，右掌前按时呈“S”形先向前再向上按出，百会上领，右腿蹬直，腰背后撑。

用法：当敌用脚踹我下肢时，我左手将敌腿搂开，右手按敌胸膛，将敌击出。

图284

图285

图286

图287

第四十九式　右搂膝拗步

第一动：接上势，送右胯，收左胯，松右腕送手（图288）；然后收右胯，送左胯，右手下按，左手上提，掌心向下（图289）。

第二动：身体右转，绷左腿，左手斜向下、右手斜向上，掤出（图290）。

第三动：身体向左转，后坐，两手合于胸前，左脚尖跷起45度外摆（图291）；重心前移，左脚踏实，身体左转，右脚提起跟至左脚里侧，手斜向上至东南，面朝西南（图292）。

第四动：身体右转，迈右脚，脚跟着地（图293）；右手搂膝，左手前按，右脚踏实，左腿绷直，面向正西（图294）。

要求：转身时要做到上动下不动；左掌前按时呈“S”形先向前再向上按出，百会上领，左腿蹬直，腰背后撑。

用法：当敌用脚踹我下肢时，我右手将敌腿搂开，左手按敌胸膛，将敌击出。

图 288

图 289

图 290

图 291

图 292

图 293

图 294

第五十式　进步栽捶

第一动：接上势，送左胯，收右胯，松左腕，送左手（图295）；然后送右胯，收左胯，左手下按，右手上提，两掌心向下（图296）。

第二动：身体左转，绷右腿，左手斜向上、右手斜向下，掤出（图297）。

第三动：身体右转，后坐，两手合于胸前，右脚尖跷起，外摆

90度（图298）；重心前移，右脚踏实，身体右转，左脚跟提起，上步跟至右脚斜前方，两手随身体向右划弧（图299）。

第四动：身体左转，左脚向斜前方上步，脚跟着地，右手变拳，屈右臂至耳后（图300）；左脚踏实，左手搂膝至左膝外侧，右手由耳后向下栽捶，拳心向内，面向西北（图301）。

要求：栽捶时，绷腿拧腰，百会上领，上下对拉。

用法：当敌从正面进攻我时，我用左手将敌之力化掉，然后上步，用右拳击打敌腹部。

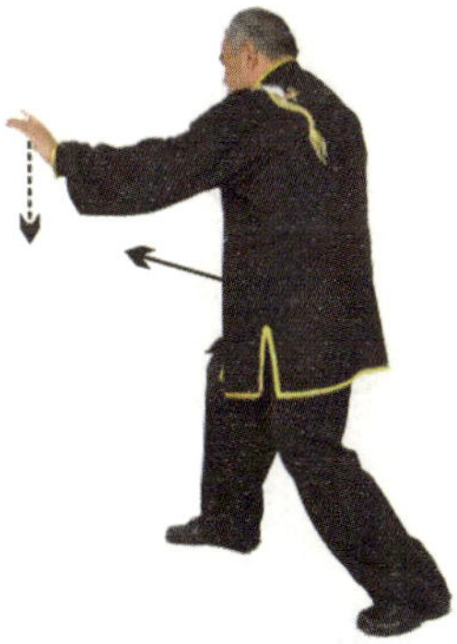

图 295

图 296

图 297

图 298

图 299

图 300

图 301

第五十一式　翻身撇身捶

接上势，重心后移，身体右转，左脚尖内扣，左手合于右肘弯处，同时，右手由下向上划圆（图302、附图302）；身体右转，右脚尖外摆，右手由上向下划弧下压，拳心向上，面向东南（图303）。

要求：脚尖内扣和外摆时，先内扣后外摆，要虚实分明，不能双重。

用法：当敌从后面进攻我时，我迅速翻身，用撇身捶击打敌面部。

图 302

附图 302

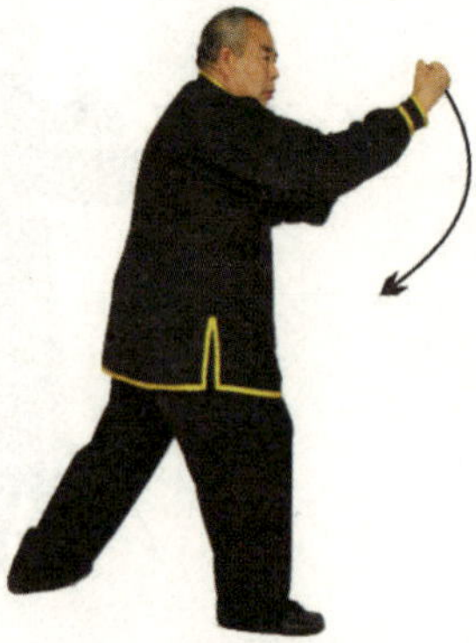

图 303

第五十二式　掩手肱捶

第一动：接上势，身体左转，重心左移，右手旋转下压至胸前，左手旋转收至腰间（图304）；身体右转，右手旋转收至腰间，同时蹬腿拧腰，左拳旋转向斜前方弹出，左拳心向外，右拳心向上，面向正东（图305）。

第二动：身体左转，左拳旋转收至腰间，同时蹬腿拧腰，右拳旋转向斜前方弹出；左拳心向上，右拳心向外，面向东北（图306）。

要求：松胯松腰，周身协调，身体松沉，力从根发。出拳时肱骨上翻。

用法：当敌从正面进攻我时，我用一手臂化掉敌进攻之手，另一手用拳击打敌小腹。

图 304

图 305

图 306

第五十三式　进步搬拦捶

第一动：接上势，身体右转，重心左移，右手向右划弧，左手随腰划弧（图307）；身体左转，右手由上向下、左手由下向上划弧，右脚收至左脚内侧（图308）；身体右转，左手变掌向下划弧至胯旁，右手由下向上划圆，同时，进右步，脚跟着地（图309）；重心前移，右脚踏实，右掌划弧下砸，面向正东（图310）。

第二动：重心左移，右脚尖跷起，身体右转，右手变掌，左手后撑，右掌心向下，左掌心向后（图311）；身体右转，右脚尖外摆，右手向外划圆变拳至腰间，左手先向外再向前划圆至前方，左脚跟至右脚内侧，重心在右，面向东南（图312）。

第三动：身体左转，上左腿，脚跟着地，左手外拦（图313）；身体左转，重心前移，左脚踏实，右拳打出且拳眼向上，左手收至右肘内侧且掌心向下，面向正东（图314）。

要求：以腰带动四肢，周身协调。

用法：当敌进攻我面部时，我用左手下压敌手，同时上右步，右拳由上向下击打敌头顶或面部；敌后撤时，我上左步，左手拦，右手用拳将敌打出。

图307

图308

图309

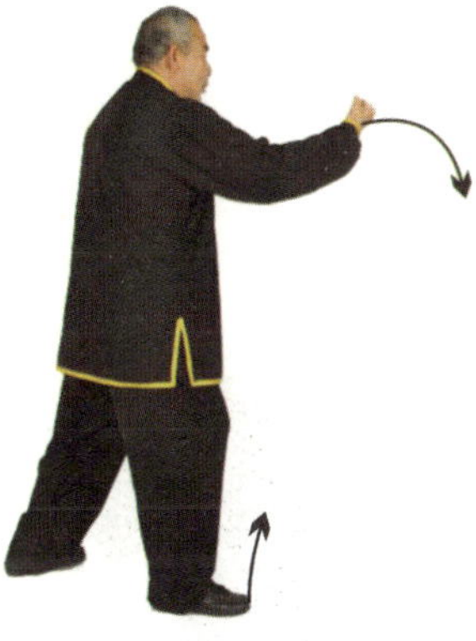
图310

图311

图312

图313

图314

第五十四式　疾步推掌

第一动：接上势，身体右转，两手同时向外划弧打开，同时收左脚，前脚掌着地（图315）。

第二动：身体左转，两手外旋，左脚跟提起（图316）；左脚向前跃一大步，右脚跟上；两手交叉推出，左手在前，右手在后，掌心向下，面向正东（图317）。

要求：周身相合，松胯塌腰。

用法：当敌拿我右手时，我右转将敌手化掉；敌后撤时，我疾步，用右手推敌之胸膛。

图 315

图 316

图 317

第五十五式　右蹬脚

第一动：接上势，身体右转，两手先向外再向内划圆，于胸前交叉，提右膝（图318），两手抬至头上方。

第二动：分手蹬脚，两掌心向外，面向东南（图319）。

图 318

图 319

要求：蹬脚时，百会上领，左腿直立，右腿前蹬，左手撑，右手按。

用法：当敌用腿进攻我时，我用双臂抱住敌来犯之腿，用右脚蹬敌大腿根部，使敌摔出。

第五十六式　左打虎势

第一动：接上势，右脚屈膝收回，两手由掌变拳收于胸前（图320）；身体左转，右脚落地盖步，右拳向下、左拳向上划弧（图321）。

第二动：身体右转，上左步，脚跟着地，左拳向下、右拳向上划弧（图322）；左转，重心前移，左脚踏实（图323）；左转，右脚跟外踝，左拳由上向下、右拳由下向上划圆（图324）；左转，左拳由下向上、右拳由上向下划圆，拳眼相对，转头，面朝西北（图325）。

要求：身体松沉，周身相合。

用法：当敌从前后进攻我时，我盖步抡臂，化掉前面来敌之进攻，然后回身击打后面来犯之敌。

图 320

图 321

图 322

图 323

图 324

图 325

第五十七式　右打虎势

第一动：接上势，身体右转，重心后移，左拳由上向下、右拳由下向上划弧（图326）；身体右转，左脚提起（图327）；左脚掌落地，身体左转，左拳由下向上、右拳由上向下划弧（图328、附图328）。

第二动：身体右转，提右腿，右脚向后插步，前脚掌着地（图329）；重心后移，右脚踏实，右拳向上、左拳向下划弧（图330）；重心后移，身体右转，左脚尖内扣，右拳下拉，左拳外开（图331）；右转，右脚提起（图332）；右脚向右前方上步，脚跟着地（图333）；重心前移，右脚踏实，身体右转，右拳向上划弧，左拳向右划弧，拳眼相对，面朝西南（图334）。

要求：身体松沉，周身相合。

用法：当敌前后进攻我时，我盖步抡臂，化掉前面来敌之进攻，然后回身击打后面来犯之敌。

图 326

图 327

图 328

附图 328

图 329

图 330

图 331

图 332

图 333

图 334

第五十八式　揽雀尾

捋：

第一动：接上势，两手由拳变掌，身体左转，两手随腰向右前划圆，右手在上，左手在下，掌心相对（图335）。

第二动：身体左转，松左胯，收右胯，重心在左腿，右手向下、左手向上划弧，掌心相对，面朝正西（图336）。

要求：不顶不抗，手随腰动。

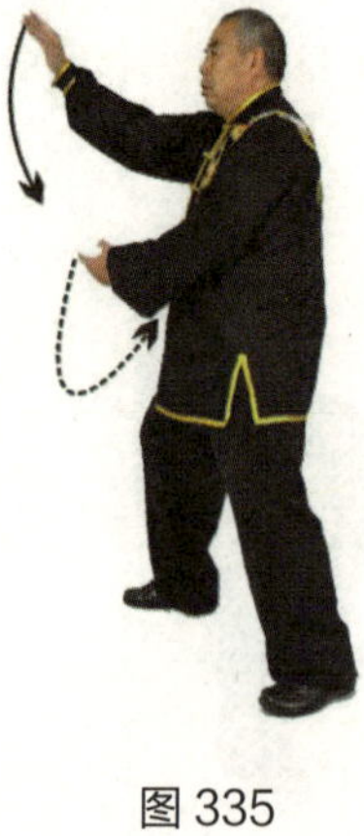

图 335

图 336

用法：当我拿敌之右臂时，敌必会向后撤，我随敌之力向前送，然后左转。我左手采住敌手腕，右手管住敌左肘，左手向上、右手向下划弧，使敌向前栽出。

挤：

第一动：接上势，身体右转，右手向下、左手向上划弧，接手于胸前，左手搭于右手腕上，左掌心向外，右掌心向内，身体后坐，右脚尖跷起（图337）。

第二动：重心前移，右脚踏实，两臂前挤，腰背后撑，面朝正西（图338）。

要求：前挤时，百会上领，左腿绷直，腰背后撑，双臂撑圆，力从根发。

用法：当敌捋我时，我身体右转，利用挤劲，将敌向后挤出。

图 337

图 338

按：

第一动：接上势，腰肌打开，两手交叉，掌心向下（图339）；向前移重心，腰肌合住，两手打开，掌心相对，重心移至左腿（图340）；接着两手向先外再向上划圆，身体后坐，右脚尖跷起，两手后收，落于胸前，掌心斜向下（图341）。

第二动：百会上领，两腿绷直，双手下按至胯前，掌心向下（图342）。

第三动：向后松胯，两手先向外再向内划圆至胸前，掌心斜相对（图343）；接着右脚踏实，左腿后绷，两掌向斜上方用掌根按出，面向正西（图344）。

要求：按掌时，力在掌根，百会上领，前后对撑。

用法：当敌用双手攻击我胸部时，我利用两臂划圆，腰背后撑，将敌之力化掉，然后将敌按出。

图 339

图 340

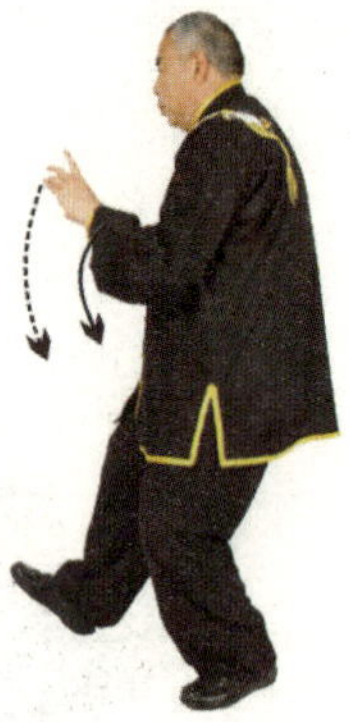
图 341

图 342

图 343

图 344

第五十九式　回身右蹬脚

第一动：接上势，重心后移，右脚尖跷起（图345）；身体左转，右脚尖内扣，左脚尖外摆，两手向外划弧（图346）；重心前移，身体左转，右脚跟上，手随腰动（图347）。

第二动：身体右转，两手先向外再向内划圆，于胸前交叉，提右膝，两手抬至头上方（图348）。

第三动：分手蹬脚，两掌心向外，面向东南（图349）。

要求：蹬脚时，百会上领，左腿直立，右腿前蹬，左手撑，右手按。

用法：当敌从背后用腿进攻我时，我转身，用双臂抱住敌来犯之腿，用右脚蹬敌大腿根部，使敌摔出。

图345

图346

图347

图348

图349

第六十式　双峰贯耳

接上势，右脚收回，脚尖朝下，两手外旋，由上向下变拳收至腰间（图350）；屈膝松胯，右脚向前上步，脚跟着地（图351）；重心前移，右脚踏实，两拳外旋，由下向上划弧至斜前方，与头同宽，面向东南（图352）。

要求：收脚时，脚尖绷直；上步时，腰胯松沉；贯耳时，两拳眼相对。

用法：当敌双手进攻时，我两臂外旋，将敌之力化掉，然后上步，击打敌耳门。

图 350　　图 351　　图 352

第六十一式　左蹬脚

第一动：接上势，重心前移，身体右转，左脚向前跟至右脚内侧，两手先向外再向内划圆，两拳变掌（图353）；提左膝，两手于胸前交叉，然后抬至头上方（图354）。

第二动：分手蹬脚，左手下压，右手斜向上外撑（图355）。

要求：蹬脚时，百会上领，右腿直立，左腿前蹬，右手撑，左手按。

用法：当敌从背后用腿进攻我时，我转身，用双臂抱住敌来犯之腿，用左脚蹬敌大腿根部，使敌摔出。

图 353

图 354

图 355

第六十二式　转身右蹬脚

第一动：接上势，左脚收回，右转盖步，两手于胸前交叉（图356）；右转，右脚尖外踝（图357、附图357）；左脚尖内扣，手随腰转（图358）。

第二动：身体右转，两手先向外再向内划圆，于胸前交叉；提右膝，两手抬至头上方（图359）。

第三动：分手蹬脚，两掌心向外，面向正东（图360）。

要求：盖步时，松胯松腰，内扣、外踝时要虚实分明；蹬脚时，百会上领，左腿直立，右腿前蹬，左手撑，右手按。

用法：当敌从背后用腿进攻我时，我转身，用双臂抱住敌来犯之腿，用右脚蹬敌大腿根部，使敌摔出。

图 356

图 357

附图 357

图 358

图 359

图 360

第六十三式　进步搬拦捶

第一动：接上势，右手变拳，向下划弧至小腹前，拳心向内，右腿屈膝收回（图361）；左手松肩下沉右转；右拳由下向上划圆至胸前，拳心向内，与肩同高；左手由上向下划弧至左胯前，右脚跟着地，面向正东（图362）。

第二动：重心前移，右脚踏实，腰后转，右摆拳；腰左转，左摆拳，重心后移。反复5次（图363-1、图364-1、图363-2、图364-2、图363-3）。

第三动：身体左转，重心左移，右摆拳，（图365）；身体右转，右手变掌，掌心向上向右划弧；左手后撑，左掌心向后（图366）；身体右转，前脚尖外摆，右手向外划圆变拳至腰间，左手先向外再向前划圆至前方，左脚跟至右脚内侧，重心在右，面向东南（图367）。

第四动：身体右转，上左腿，脚跟着地，左手外拦（图368）；身体左转，重心前移，左脚踏实，右拳打出且拳眼向上，左手收至右肘内侧且掌心向下，面向正东（图369）。

要求：以腰带动四肢，周身协调。

用法：当敌进攻我面部时，我用左手下压敌手，上右步，右拳由上向下击打敌头顶或面部；敌后撤时，我上左步，左手拦，右手用拳将敌打出。

图361

图362

图363-1

图 364-1

图 363-2

图 364-2

图 363-3

图 365

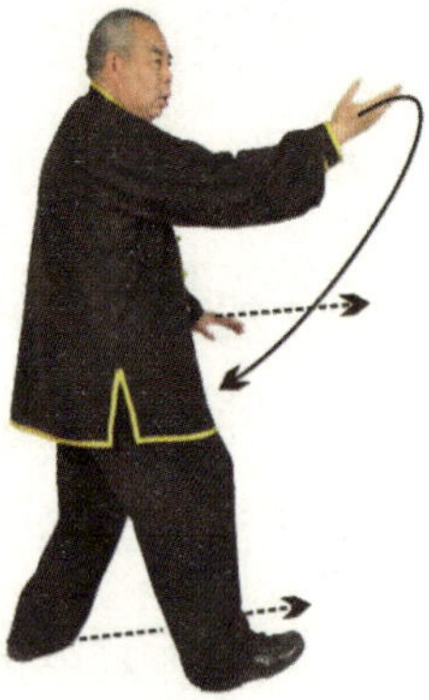
图 366

图 367

图 368

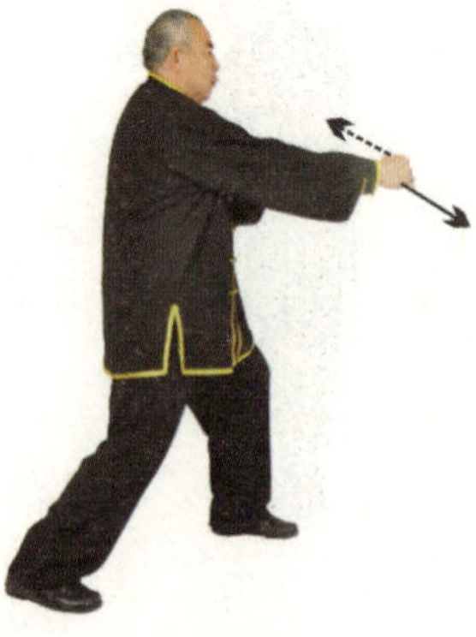
图 369

第六十四式　如封似闭

第一动：接上势，身体右转，右拳变掌，左手经右手掌外缘，两手向外划弧，掌心向下（图370）。

第二动：身体左转，两手外旋交叉相合，掌心向内（图371）。

第三动：身体右转，两手内缠，再左转，右手腕尖打出，左手搭于右小臂处（图372）。

第四动：身体左转，两手交叉，掌心向下（图373）。

第五动：身体右转，重心后移，左脚尖跷起，两手向外划弧打开，掌心相对（图374）。

第六动：身体左转，重心后移，两手下按（图375）。

第七动：向后松胯，两手先向外再向内划圆置于胸前，拇指相对，两手心斜向下（图376）；接着，两手向斜上方用掌根按出，左脚踏实，右腿后绷，面向正东（图377）。

要求：以腰为轴，四肢相随，协调一致，力从根发。

用法：当敌进攻我时，我利用如封似闭，将敌力化掉，然后将敌按出。

图370

图371

图372

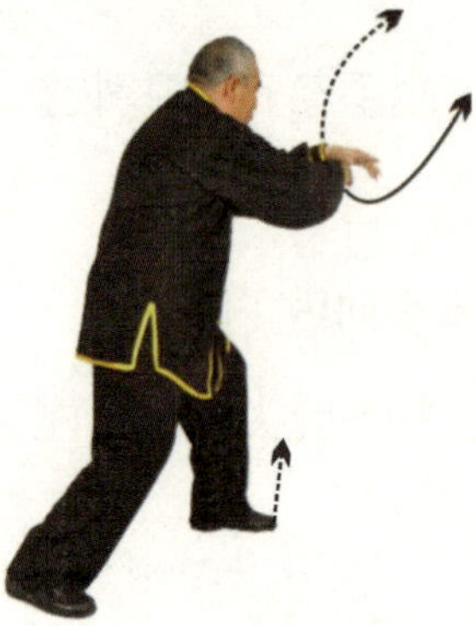

图 373

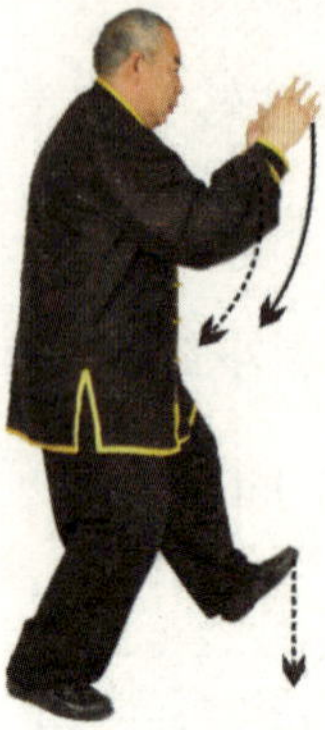

图 374

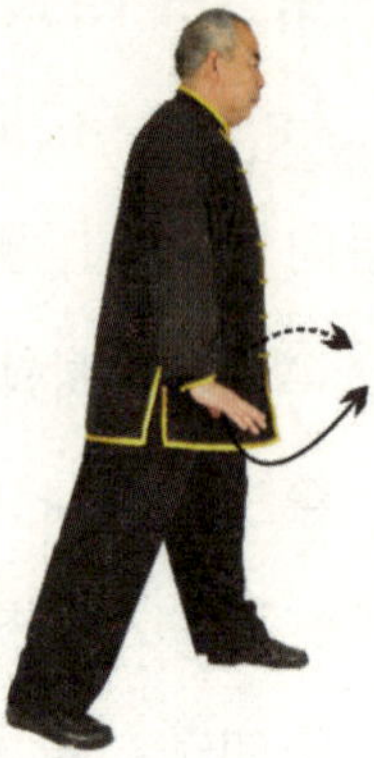

图 375

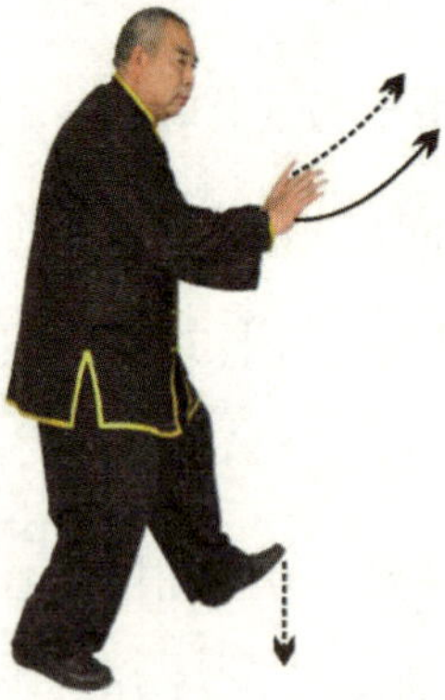

图 376

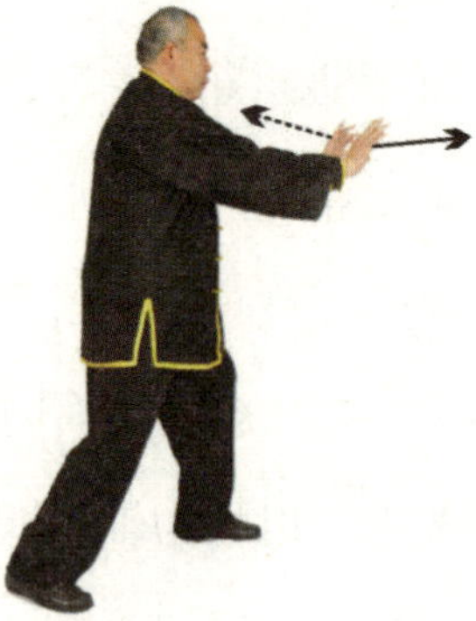

图 377

第六十五式　十字手

第一动：接上势，身体左转，右手前推，左手后拉（图378）。

第二动：身体右转，重心右移，左脚尖内扣，左手前推（图379）；右手向右划弧，右脚尖外摆45度，两掌心向下，呈右弓步（图380）。

第三动：屈膝松胯，左转，右脚尖内扣，两臂于胸前交叉，掌心向内；身体左转，收右脚，身体右转，面向正南（图381）。

要求：立身中正，切忌弯腰低头。

用法：当敌侧面进攻时，我右转将敌之力化掉，然后用两臂抱敌住腿，将敌抛出。

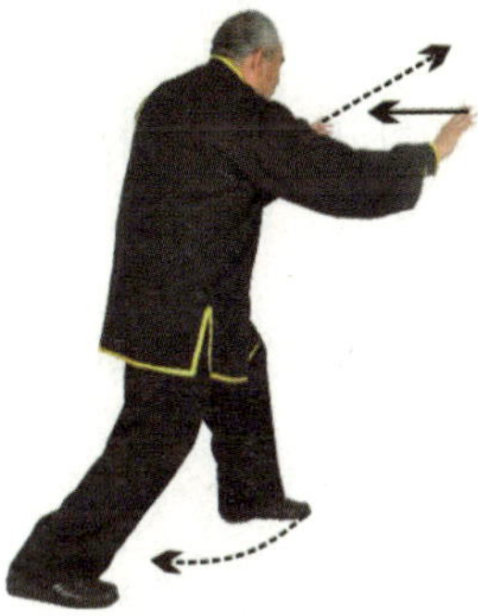
图 378

图 379

图 380

图 381

第三段

第六十六式　抱虎归山

第一动：接上势，身体右转，重心左移；松胯松腰，屈膝下沉，右手由上向下再向上划弧至右耳斜上方，左手向右划弧，与右肘相合，面向正西（图382）。

第二动：身体左转，右手向前按出，左手经体前向左下方划弧至左胯前，右手掌心向前，左手掌心向下，面向正南（图383）。

第三动：身体左转，重心右移，提左脚，向斜前方上步；身体右转，左手由下向上、右手由上向下划弧（图384）；身体右转，左脚尖内扣，左脚踏实，身体继续右转，收右脚（图385）；右脚向前迈步，搂膝推掌，面向正西（图386）。

第四动：松胯松腰，身体右转，重心后移；右手由下向上划弧，左手随腰转，与右肘相合，两手斜向上抱球，面向东北（图387）。

第五动：身体左转，重心前移，两手随腰划弧至正前方，两掌心斜相对，面向正西（图388）。

要求：松腰松胯，逢转必沉。

用法：当敌从正面进攻我时，我抱敌并右转，将敌来力化掉，当敌后挣时，我身体左转，将敌摔出（图386、图387、图388）。

图 382

图 383

图 384

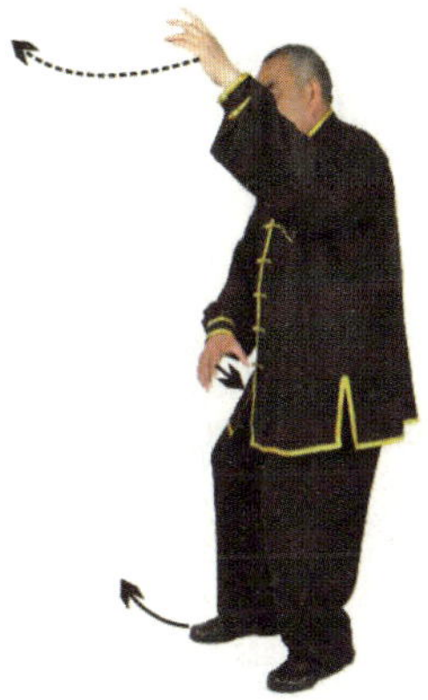

图385

图386

图387

图388

第六十七式　揽雀尾

捋：

身体左转，松左胯，收右胯，重心在左腿，右手向下、左手向上划弧，掌心相对，面朝正西（图389）。

要求：不顶不抗，手随腰动。

用法：当我拿敌之右臂时，敌必会向后

图389

撇，我随敌之力向前送，然后左转，我左手采住敌手腕，右手控制敌左肘，左手向上、右手向下划弧，使敌向前栽出。

挤：

第一动：接上势，身体继续右转，右手向上、左手向下划弧，接手于胸前，左手搭于右手腕上，左掌心向外，右掌心向内，身体后坐，右脚尖跷起（图390）。

第二动：重心前移，右脚踏实，两臂前挤，腰背后撑，面朝正西（图391）。

要求：前挤时，百会上领，左腿绷直，腰背后撑，双臂撑圆，力从根发。

用法：当敌捋我时，我身体右转，利用挤劲，将敌向后挤出。

图 390

图 391

按：

第一动：接上势，腰肌打开，两手交叉，左手在上，右手在下，掌心向下（图392）。向前移重心，腰肌合住，两手打开，掌心相对（图393）；接着两手先向外再向上划圆，身体后坐，右脚尖跷起，重心移至左腿，两手后收，落于胸前，掌心斜向下（图394）。

第二动：百会上领，两腿绷直，双手下按至胯前，掌心向下（图395）。

第三动：向后松胯，两手先向外再向内划圆至胸前，掌心斜向下（图396）；接着右脚踏实，左腿后绷，两掌向斜上方用掌根按出，面向正西（图397）。

要求：按掌时，力在掌根，百会上领，前后对撑。

用法：当敌用双手攻击我胸部时，我利用两臂划圆，腰背后撑，将敌之力化掉，然后将敌按出（图395、图396、图397）。

图 392

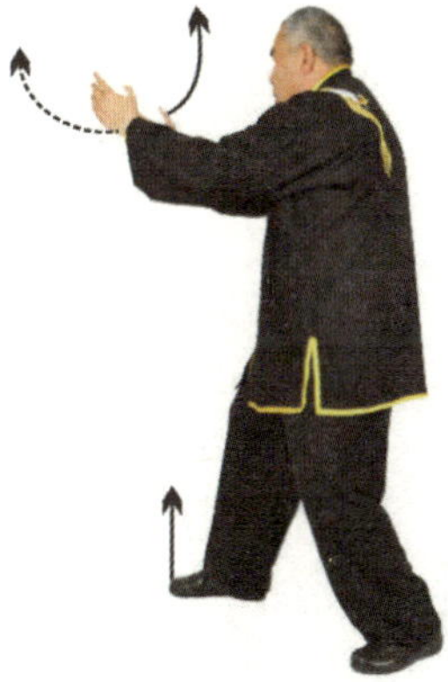

图 393

图 394

图 395

图 396

图 397

第六十八式　横单鞭

第一动：接上势，松胯松腰，左脚跟抬起，向右转腰，右手向上、左手向下划弧，右掌心向下、左掌心向上抱球；左脚跟朝南，重心移至左脚掌，面向正北（图398、附图398）。

第二动：腰左转，重心移至右脚，右手向下、左手向上划弧，左脚跟外蹍90度（图399）；身体左转，重心前移至左脚，身体继续左转，重心移至右脚，右脚跟外蹍，左手在上、右手在下呈抱球状，面向正南（图400）。

图 398

附图 398

图 399

图 400

第三动：身体右转，重心左移，右脚跟外蹍135度，右手向右划弧，左手合于右手腕处，右掌心向上，左掌心向下（图401）；重心前移至右腿，右脚踏实，身体右转，左脚向右前方划弧跟上，与肩同宽，左脚掌着地，面向东北（图402）。

第四动：身体先右转后左转，左脚踏实，两手向左划弧，左掌心向上，右掌心斜向下（图403）；身体右转，两手向右划弧至斜前方，左手合于右腕处，右掌立掌前按，左脚跟至右脚内侧，前脚掌着地，面向东北（图404）。

第五动：撤左步，右手由掌变勾手，重心后移至左脚，呈吊马步（图405）。

图401

图402

图403

图404

图405

第六动：腰左后转，后坐，右脚尖内扣，左手向左划弧（图406）；腰继续左转，左脚尖跷起外摆，重心移至右腿（图407）；重心前移，左脚踏实，右手后撑，左手前按，面朝正西（图408）。

图 406

图 407

图 408

要求：立身中正，重心移动要稳。第五动打出时要百会上领，前后对撑。

用法：当敌从正面进攻我时，我用右手叼敌之脉门，敌后挣时，我顺势用腕尖将敌击出。当敌从左后方来犯时，我随之左转，用掌击按该敌。

第六十九式　右野马分鬃

第一动：接上势，身体先左转，然后右转。左手逆时针方向划圆，右手勾手变掌，顺时针方向划圆，同时重心右移，左脚尖跷起（图409）；左脚尖外摆，左手向上、右手向下划弧，重心仍在后，面朝西南（图410）。

第二动：身体左转，前脚掌着地，右脚跟至左脚里侧，两手随腰转，呈抱球式，左掌心向下，右掌心向上，面向西南（图411）。

第三动：屈膝松胯，两手相合，身体先左转，然后右转，同时上右步，右脚跟着地（图412）；身体右转，右脚踏实，右手向斜上方划弧，左手向斜下方划弧，左脚外踱，面向正西（图413）。

要求：转动时，立身中正，屈膝松胯；两手外掤时，要沉肩坠肘，裆要撑圆，肘膝相合，切忌突臂。

用法：当敌从正面向我进攻时，我顺势采敌之手，上右步，身向右转，将敌靠出。

图409

图410

图411

图412

图413

第七十式　左野马分鬃

第一动：接上势，身体先右转，后左转，右手逆时针方向划圆，左手顺时针方向划圆，同时重心左移，右脚尖跷起内扣，两手相合，腕尖相对（图414）；右脚踏实，重心右移，身体左转，右手前推，左手后拉（图415）；右脚尖外摆，重心后移，面朝西南（图416）。

第二动：身体右转，左脚跟至右脚里侧，右脚尖着地，两手随腰转，呈抱球状，右手掌心向下，左手掌心向上，面向西北（图417）。

第三动：屈膝松胯，两手相合，身体先右转，后左转，同时上左步，左脚跟着地（图418）；身体左转，左脚踏实，左手斜向上划弧，右手斜向下划弧，右脚跟外踱，面向正西（图419）。

要求：转动时，立身中正，屈膝松胯；两手外掤时，要沉肩坠肘，裆要撑圆，肘膝相合，切忌突臀。

用法：当敌从正面向我进攻时，我顺势采敌之手，上左步，身体左转，将敌靠出。

图 414

图 415

图 416

图 417

图 418

图 419

第七十一式　右野马分鬃

第一动：接上势，身体先左转，然后右转，左手逆时针方向划圆，右手顺时针方向划圆，同时重心右移，左脚尖跷起内扣，重心仍在后，两手相合，腕尖相对（图420）；左脚踏实，身体右转，重心左移，左手前推，右手后拉（图421）；左脚尖外摆，身体左转，重心后移，面朝西北（图422）。

第二动：身体左转，右脚跟至左脚里侧，前脚掌着地；两手随腰转，呈抱球状，左掌心向下，右掌心向上，面向西南（图423）。

第三动：屈膝松胯，两手相合，身体先左转，然后右转，同时上右步，右脚跟着地（图424）；身体右转，右脚踏实，右手向斜上方划弧，左手向斜下方划弧，左脚跟外蹍，面向正西（图425）。

要求：转动时，立身中正，屈膝松胯；两手外掤时，要沉肩坠肘，裆要撑圆，肘膝相合，切忌突臀。

用法：当敌从正面向我进攻时，我顺势采敌之手，上右步，身向右转，将敌靠出。

图 420

图 421

图 422

图 423

图 424

图 425

第七十二式　左野马分鬃

第一动：接上势，身体先右转，后左转，右手逆时针方向划圆，左手顺时针方向划圆，同时重心左移，右脚尖跷起内扣，两手相合，腕尖相对（图426）；右脚踏实，重心右移，身体左转，右手前推，左手后拉（图427）；右脚尖外摆，重心后移，面朝西北（图428）。

第二动：身体右转，左脚跟至右脚里侧，前脚掌着地，两手随腰转，呈抱球状，右手掌心向下，左手掌心向上，面向西北（图429）。

第三动：屈膝松胯，两手相合，身体先右转，后左转，同时上左步，左脚跟着地（图430）；身体左转，左脚踏实，左手向斜上方划弧，右手向斜下方划弧，右脚跟外蹍，面向正西（图431）。

要求：转动时，立身中正，屈膝松胯；两手外掤时，要沉肩坠肘，裆要撑圆，肘膝相合，切忌突臀。

用法：当敌从正面向我进攻时，我顺势采敌之手，上左步，身体左转，将敌靠出。

图426

图427

图428

图429

图430

图431

第七十三式　右野马分鬃

第一动：接上势，身体先左转，然后右转，左手逆时针方向划圆，右手顺时针方向划圆，同时重心右移，左脚尖跷起内扣，重心仍在后，两手相合，腕尖相对（图432）；左脚踏实，身体右转，重心左移，左手前推，右手后拉（图433）；左脚尖外摆，重心后移，面朝西北（图434）。

第二动：身体左转，右脚跟至左脚里侧，前脚掌着地；两手随腰转，呈抱球状，左掌心向下，右掌心向上，面向西南（图435）。

第三动：屈膝松胯，两手相合，身体先左转，然后右转，同时上右步，右脚跟着地（图436）；身体右转，右脚踏实，右手向斜上方划弧，左手向斜下方划弧，左脚跟外踝，面向正西（图437）。

要求：转动时，立身中正，屈膝松胯；两手外掤时，要沉肩坠肘，裆要撑圆，肘膝相合，切忌突臀。

用法：当敌从正面向我进攻时，我顺势采敌之手，上右步，身向右转，将敌靠出。

图 432

图 433

图 434

图 435

图 436

图 437

第七十四式　揽雀尾

捋：

第一动：接上势，身体右转，两手随腰向右前方划圆，右手在上，左手在下，掌心相对（图438）。

第二动：身体左转，松左胯，收右胯，重心在左腿，右手向下、左手向上划弧，掌心相对，面朝正西（图439）。

要求：不顶不抗，手随腰动。

图 438

图 439

用法：当我拿敌之右臂时，敌必会向后撤，我随敌之力向前送，然后左转。我左手采住敌手腕，右手控制敌左肘，左手向上、右手向下划弧，使敌向前栽出。

挤：

第一动：接上势，身体继续右转，右手向下、左手向上划弧，接手于胸前，左手搭于右手腕上，左掌心向外，右掌心向内，身体后坐，右脚尖跷起（图440）。

第二动：重心前移，右脚踏实，两臂前挤，腰背后撑，面朝正西（图441）。

要求：前挤时，百会上领，左腿绷直，腰背后撑，双臂撑圆，力从根发。

用法：当敌捋我时，我身体右转，利用挤劲，将敌向后挤出。

图440

图441

按：

第一动：接上势，腰肌打开，两手交叉，左手在上，右手在下，两掌心向下（图442）；向前移重心，腰肌合住，两手打开，掌心相对（图443）；接着两手先向外再向上划圆，身体后坐，右脚尖跷起，重心移至左腿，两手后收，落于胸前，掌心相对（图444）。

第二动：百会上领，两腿绷直，双手下按至胯前，掌心向下（图445）。

第三动：向后松胯，两手先向外再向内划圆至胸前，掌心斜向下（图446）。接着右脚踏实，左腿后绷，两掌向斜上方用掌根按出，面向正西（图447）。

图 442

图 443

图 444

图 445

图 446

图 447

要求：按掌时，力在掌根，百会上领，前后对撑。

用法：当敌用双手攻击我胸部时，我利用两臂划圆，腰背后撑，将敌之力化掉，然后将敌按出（图445、图446、图447）。

第七十五式　单鞭

第一动：接上势，松胯松腰，左脚跟抬起，腰向右转，右手向上、左手向下划弧，右掌心向下、左掌心向上抱球；左脚跟朝南，重心移至左脚掌，面向正北（图448、附图448）。

第二动：腰右转，右手向下、左手向上划弧，左脚外蹍135度；向前移重心至右脚，左脚跟至右脚内侧，左手在上、右手在下抱球，面朝东南（图449）。

第三动：松胯，腰右转，两手相合，右脚向斜前方上步，脚跟着地（图450）；身体右转，重心右移，右脚踏实，左手搭在右腕上（图451）；身体左转，接着身体再右转，左脚跟至右脚内侧，右手向前按掌，面向西南（图452）。

第四动：撤左步，右手由掌变勾手，重心后移至左腿，呈吊马步（图453）。

第五动：腰左后转，后坐，右脚尖内扣；左手向左后方划弧，掌心向内（图454）；腰继续左转，左脚尖外摆，重心移至右腿，左手掌外翻（图455）；重心前移，左脚踏实，右手后撑，左手前按，面朝正东（图456）。

要求：立身中正，重心移动要稳。第五动打出时要百会上领，前后对撑。

用法：当敌从前面进攻我时，我用右手叼前面来敌之脉门，敌后挣时，我顺势用腕尖将敌击出。当另一敌从左后方来犯时，我随之左转，用掌击按该敌。

图448

附图448

图449

图450

图451

图452

图453

图454

图455

图456

第七十六式　左伏虎势

接上势，腰左转，左掌变勾手，右脚跟抬起，重心右移，右手由下向上、左手由上向下划圆，右脚跟提起蹍至正南，面朝东北，勾手相对（图457）。

图 457

要求：立身中正，腰胯松沉，右肘与左膝合，左肘与右膝合。

用法：当敌进攻我时，我腰左转，用右前臂击打敌肩部，用左手勾尖击打敌头部。

第七十七式　右伏虎势

第一动：身体右转，重心左移，右手由下向上、左手由上向下划弧，右脚尖蹍至西南（图458）。

第二动：腰继续右转，重心先移至右腿，后移至左腿，左脚跟提起蹍至正南，面向西南，勾手相对（图459）。

要求：立身中正，腰胯松沉，右肘与左膝合，左肘与右膝合。

用法：当敌进攻我时，我腰右转，用左前臂击打敌肩部，用右手勾尖击打敌头部。

图 458

图 459

第七十八式　鲤鱼摆尾

第一动：接上势，勾手变掌，重心微前移，身体左转，左脚跟，重心后移，左脚踏实（图460）；身体左后转，重心移至右脚，右手向下、左手向上划弧至胯前，两掌心相对（图461）。

第二动：先左后转，然后右前转，重心先移至左腿，后移至右腿，两手甩出，左手掌心向上，右手掌心向下，面向正东（图462）。

要求：虚实分明，身体中正协调。

用法：当我擒敌右臂而敌外挣时，我利用回旋力量将敌甩出。

图460

图461

图462

第七十九式　左玉女穿梭

第一动：接上势，身体右转，两手随身体划弧，右脚尖跷起（图463）；身体右转，右脚尖外摆135度，两手随身体划弧（图464）；重心前移，前脚掌踏实，左脚跟提起（图465）；身体右转，左脚跟至右脚内侧，两手呈抱球状，右手在上，左手在下，面向西北（图466）。

第二动：身体左转，两手相合，左腿向斜前方上步（图467）；身体左转，左手由下向上划弧，右手向前立掌推出，左脚踏实，面向西南（图468）。

要求：两腿虚实分明，切忌双重。左腿前迈时松膝胯，推掌时，身体松沉。

用法：当敌由上向下进攻我面部时，我一手向上划弧将敌手格开，另一手击打敌胸膛。

图 463

图 464

图 465

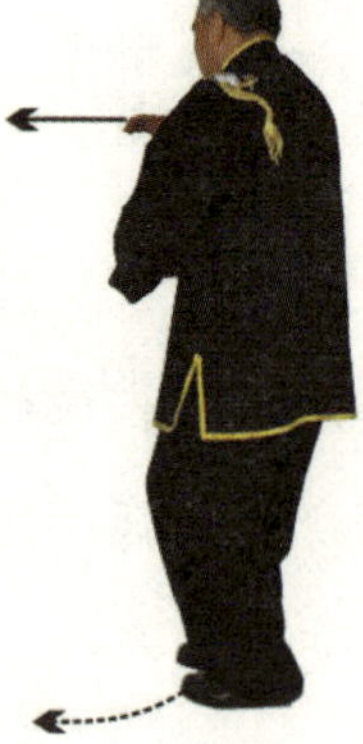

图 466

图 467

图 468

第八十式　右玉女穿梭

第一动：接上势，重心后移，身体右转，右脚跟提起外蹍，右手向上、左手向下划弧，左掌心向内，右掌心向外（图469）；重心前移，右脚跟踏实，右转，左脚提起后插，前脚掌着地，左手向下、右手向上划弧（图470、附图470）；身体向右后方转，重心后移，左脚踏实，左手向上、右手向下划弧，两掌心相对；收右脚，抱球，左手在上，右手在下，面向东南（图471）。

第二动：身体右转，两手相合，右腿向斜前方上步（图472）；身体右转，右手由下向上划弧，左手向前立掌推出，右脚踏实，面向东南（图473）。

要求：两腿虚实分明，切忌双重。右腿前迈时松膝胯，推掌时身体松沉。

用法：当敌由上向下进攻我面部时，我一手向上划弧将敌手挌开，另一手击打敌胸膛。

图 469

图 470

附图 470

图471

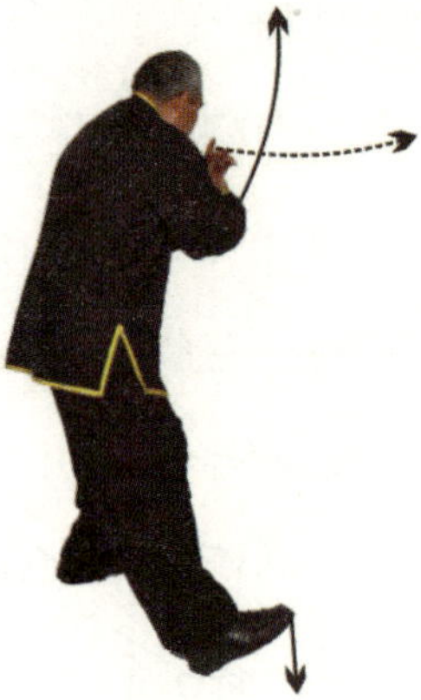
图472

图473

第八十一式　左玉女穿梭

第一动：接上势，身体左转，重心后移，右脚提起，右手向下、左手向上随身体旋转划弧，两掌心相对（图474）；身体左转，右脚向前盖步，右手向下、左手向上划弧（图475）；重心前移，右脚踏实，身体右转，左脚向前跟步，抱球，右手在上，左手在下，面向东南（图476）。

第二动：身体左转，两手相合，左腿向斜前方迈步（图477）；身体左转，左手由下向上划弧，右手立掌向前推出，左脚踏实，面向东北（图478）。

要求：两腿虚实分明，切忌双重。左腿前迈时松膝胯，推掌时身体松沉。

用法：当敌由上向下进攻我面部时，我一手向上划弧将敌手格开，另一手击打敌胸膛。

图 474

图 475

图 476

图 477

图 478

第八十二式　右玉女穿梭

第一动：接上势，重心后移，身体右转，右脚跟提起外踝，左手向下、右手向上划弧，左掌心向内，右掌心向外（图479）；身体前移右转，左手向上、右手向下划弧，左脚提起后插，前脚掌着地（图480）；身体左后转，重心后移，左脚踏实，身体右转，收右脚抱球，左手在上，右手在下，面向西南（图481）。

第二动：身体右转，两手相合，右腿向斜前方迈步（图482）；

身体右转，右手由下向上划弧，左手向前立掌推出，右脚踏实，面向西北（图483）。

要求：两腿虚实分明，切忌双重。右腿前迈时松膝胯，推掌时身体松沉。

用法：当敌由上向下进攻我面部时，我一手向上划弧将敌手格开，另一手击打敌胸膛。

图 479

图 480

图 481

图 482

图 483

第八十三式 鲤鱼摆尾

第一动：接上势，身体左转，左脚外踾，重心后移，左脚踏实（图484）；身体左后转，重心移至右腿，右手向下、左手向外划弧至胯前，两掌心相对（图485）。

第二动：身体先左后转，再右前转，重心移至右腿，两手甩出，左掌心向上，右掌心向下，面向正东（图486）。

要求：虚实分明，身体中正协调。

用法：当我擒敌右臂而敌外挣时，我利用回旋力量将敌甩出。

图484

图485

图486

第八十四式 野马分鬃

第一动：接上势，身体右转，重心左移，右脚尖外摆135度，两手随身体向右划弧（图487）；身体右转，右脚踏实，左脚跟至右脚内侧，前脚掌着地；两手随身体向右划弧，右手在上，左手在下，呈抱球状，面向西北（图488）。

第二动：屈膝松胯，两手相合，身体先右转，后左转，同时上左步，左脚跟着地（图489）；身体左转，左脚踏实，左手斜向上划弧，右手斜向下划弧，右脚跟外踝，面向正西（图490）。

要求：转动时，立身中正，屈膝松胯，两手外掤时要沉肩坠肘，裆要撑圆，肘膝相合，切忌突臀。

用法：当敌从正面向我进攻时，我顺势采敌之手，上左步，身体左转，将敌靠出。

图487

图488

图489

图490

第八十五式　上步揽雀尾

接上势，身体左转，重心前移，左手向下、右手向上划弧（图491）；身体右转，同时右脚外蹍，重心右移，右手向下、左手向上划弧（图492、附图492）；身体左转，左脚尖外摆，左手向上、右手向下划弧（图493）；身体继续左转，左脚尖踏实，右脚跟至左脚内侧，前脚掌着地，两手随腰划弧，左手在上、右手在下呈抱球状，面向西南（图494）。

图 491

图 492

附图 492

图 493

图 494

掤：

第一动：接上势，松左胯，身体右转，两臂相合，屈左膝，迈右步，右脚跟着地（图495）。

第二动：往前移重心，前脚掌着地，右臂滚动，前掤于胸前，左手向下划弧至小腹前（图496）。

第三动：身体继续右转，重心前移，后脚跟外蹍，手随腰转，屈右臂前掤，掌心向内，左手按至左胯前，面向正西（图497）。

要求：两臂撑圆，屈膝圆裆，前臂滚动掤出。

用法：当敌用左手进攻我胸部时，我右手采敌左手腕，上右步，右臂滚动将敌掤出。

图495

图496

图497

捋：

第一动：接上势，身体右转，两手随腰向右前划圆，右手在上，左手在下，掌心相对（图498）。

第二动：身体左转，松左胯，收右胯，重心在左腿，右手向下、左手向上划弧，掌心相对，面朝正西（图499）。

要求：不顶不抗，手随腰动。

用法：当我拿敌之右臂时，敌必会向后撤，我随敌之力向前送，然后左转，我左手采住敌手腕，右手控制敌左肘，左手向上、右手向下划弧，使敌向前栽出。

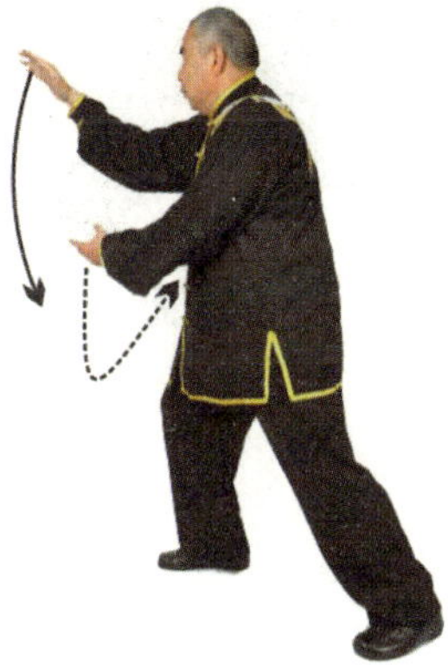

图 498

图 499

挤：

第一动：接上势，身体继续右转，左手向下、右手向上划弧，接手于胸前，左手搭于右手腕上，左掌心向外，右掌心向内，身体后坐，右脚尖跷起（图500）。

第二动：重心前移，右脚踏实，两臂前挤，腰背后撑，面朝正西（图501）。

要求：前挤时，百会上领，左腿绷直，腰背后撑，双臂撑圆，力从根发。

用法：当敌捋我时，我身体右转，利用挤劲，将敌向后挤出。

图 500

图 501

按：

第一动：接上势，腰肌打开，两手交叉，掌心向下（图502）；向前移重心，腰肌合住，两手打开，掌心相对，重心移至左腿（图503）；接着两手先向外再向上划圆，身体后坐，右脚尖跷起，两手后收，落于胸前，掌心斜向下（图504）。

第二动：百会上领，两腿绷直，双手下按至胯前，掌心斜向下（图505）。

第三动：向后松胯，两手先向外再向内划圆至胸前，掌心斜相对（图506）；接着右脚踏实，左腿后绷，两掌向斜上方用掌根按出，面向正西（图507）。

要求：按掌时，力在掌根，百会上领，前后对撑。

用法：当敌双手攻击我胸部时，我利用两臂划圆，腰背后撑，将敌之力化掉，然后将敌按出。

图 502

图 503

图 504

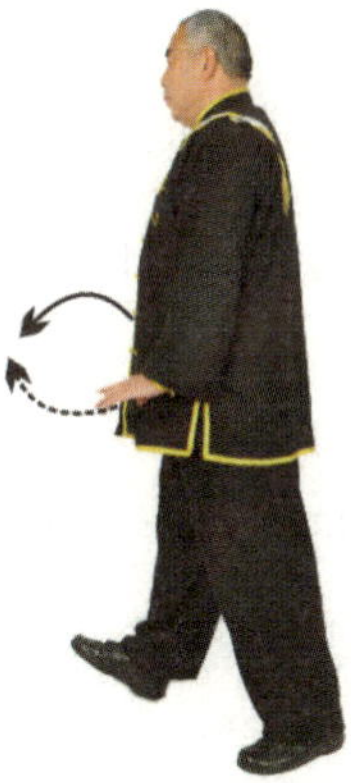

图 505

图 506

图 507

第八十六式　单鞭

第一动：接上势，松胯松腰，左脚跟抬起，向右转腰，右手向上、左手向下划弧，右掌心向下、左掌心向上抱球；左脚跟朝东南，重心移至左脚掌，面向正北（图508、附图508）。

第二动：腰右转，重心移至右脚，右手向下、左手向上划弧，左脚外踝135度；向前移重心至左脚，右脚跟至左脚内侧，左手在上、右手在下抱球，面朝东南（图509）。

第三动：松胯右转腰，两手相合，右脚向斜前方上步，脚跟着地（图510）；身体右转，重心右移，右脚踏实，左手搭在右腕上（图511）；身体左转，接着右转，左脚跟至右脚内侧，右手向前按掌，面向西南（图512）。

第四动：撤左步，右手由掌变勾手，重心后移至左腿，呈吊马步（图513）。

第五动：腰左后转，后坐，右脚尖内扣，左手向左后方划弧，掌心向内（图514）；腰继续左转，左脚尖跷起外摆，重心移至右腿，左手掌外翻（图515）；重心前移，左脚踏实，右手后撑，左手前按，面朝正东（图516）。

要求：立身中正，重心移动要稳。第五动打出时要百会上领，前后对撑。

用法：当敌从前面进攻我时，我用右手叼敌之脉门，敌后挣时，我顺势用腕尖将敌击出（图513、图515）。当敌从左后来犯时，我随之左转，用掌击按该敌（图516）。

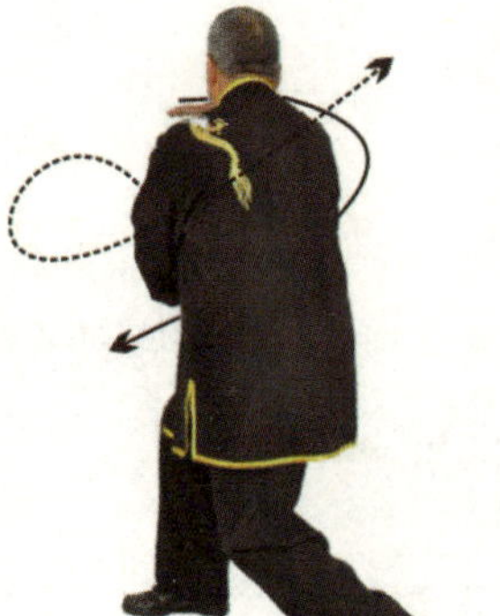

图 508

附图 508

图 509

图 510

图 511

图 512

图 513

图 514

图 515

图 516

第八十七式　云手

（一）

第一动：接上势，身体右转，重心前移，右脚跟跷起外踝，向前松左腕，变平掌，掌心向下（图517）；重心后移，身体右转，右手勾手变掌向上划圆，左手向下划圆，左脚尖内扣，右脚跟着地；重心左移，面向西南（图518）。

第二动：身体左转，左手向上、右手向下划圆（图519）；身体右转，右手向上、左手向下划弧（图520）；身体左转，收右脚，与左脚平行，前脚掌着地，面向东南（图521）。

图 517

图 518

图 519

图 520

图 521

（二）

第一动：身体右转，右脚踏实，右手向上、左手向下经体前划圆，左脚跟提起（图522）。

第二动：松右胯，上左步，前脚掌着地（图523）；向左转，左脚踏实，左手向上、右手向下划弧，右脚跟上，与左脚平行（图524）。

图 522

图 523

图 524

（三）

第一动：身体右转，右脚踏实，右手向上、左手向下经体前划圆，左脚跟提起（图525）。

第二动：松右胯，上左步，前脚掌着地（图526）；向左转，左脚踏实，左手向上、右手向下划弧，右脚跟上，与左脚平行（图527）。

图 525

图 526

图 527

（四）

第一动：身体右转，右脚踏实，右手向上、左手向下经体前划圆，左脚跟提起（图528）。

第二动：松右胯，上左步，前脚掌着地（图529）；向左转，左脚踏实，左手向上、右手向下划弧，右脚跟上，与左脚平行（图530）。

要求：身体中正，两手随腰转动划立圆，两脚平行时间隔约30厘米。

用法：当敌进攻时，我利用旋转一手将敌之力化掉，另一手击打敌肘部。

图 528

图 529

图 530

第八十八式　单鞭

第一动：接上势，身体右转，右脚踏实，右手向上、左手向下经体前划圆（图531）；松右胯上左步，前脚掌着地（图532）；向左转，左脚尖外摆，收右步，两手于体前划圆，面向东南（图533）。

第二动：身体右转，左手向外、右手向内划圆，两手交叉，右掌心向内，左掌心向下（图534）；身体左转，左手先向内再向上划圆，右手先向外再向下划圆，右掌心向上、左掌心向下抱球（图535）。

第三动：松胯，腰左转，两手相合，右脚向斜前方上步，脚跟着地（图536）；身体右转，重心右移，右脚踏实，右手向上划圆，左手搭在右腕上（图537）；身体左转，再右转，左脚跟至右脚内侧，右手翻掌，掌心向前，面向西南（图538）。

第四动：撤左步，右手由掌变勾手，重心后移至左腿，呈吊马步（图539）。

第五动：腰左后转，后坐，左手向左后方划弧，右脚尖内扣（图540）；腰继续左转，左脚尖外摆，重心移至右腿（图541）；重心前移，左脚踏实，右手后撑，左手前按，面朝正东（图542）。

要求：立身中正，重心移动要稳。第五动打出时要百会上领，前后对撑。

用法：当敌从前面进攻我时，我用右手叼敌之脉门；敌后挣时，我顺势用腕尖将敌击出。当敌从左后方来犯时，我随之左转，用掌击按该敌。

图 531

图 532

图 533

图 534

图 535

图 536

图 537

图 538

图 539

图 540

图 541

图 542

第八十九式　下势

接上势，身体右转，重心在右，左脚尖内扣，两手同时随身体向右划弧（图543）；身体左转，右腿屈膝下蹲，左脚尖外摆，右手变勾手向右后划弧，左手穿掌，面向正东（图544）。

要求：下势时，要立身中正，穿掌时手贴脚踝内侧，切忌弯腰突臀。

用法：后勾手击打敌小腹，前穿掌击打敌脚踝。

图 543

图 544

第九十式　右金鸡独立

接上势，重心前移，身体先向左转，再向右转，左腿站直，右腿提膝，左手向上划弧，右手勾手变掌，向前上方划弧，面向正东（图545）。

要求：要立身中正，支撑腿要站直。

图 545

用法：一手采敌之手，另一只手击打敌小腹或向上击打敌下巴。

图 546

第九十一式　左金鸡独立

接上势，右脚落地，左膝提起，同时左掌上撩，右掌下按，面向正东（图546）。

要求：同上。

用法：同上。

第九十二式　左右倒撵猴

（一）

接上势，松胯松腰，身体右转，左脚于斜前方落地，左手前推，右拳变掌并右后方靠出（图547）；身体继续右转，两腕放松，重心前移，前脚掌踏实（图548）；身体左转，右手向下划弧，左手向外划弧且掌心向上，身体左转，左手后拉；身体转正，两手相合，呈抱球状，面向正东（图549）。

图 547

图 548

图 549

（二）

身体重心后移至右腿，左脚提起后撤，重心后移（图550）；右脚跟外踬，身体左转，右手前推，左手向外划弧，同时，身体向左靠出（图551）；身体左转，两腕放松，重心前移（图552）；身体右转，左手向上划弧，右手向外划弧且掌心向上，右脚提起后拉，身体转正，两手相合，呈抱球状，面向正东（图553）。

图 550

图 551

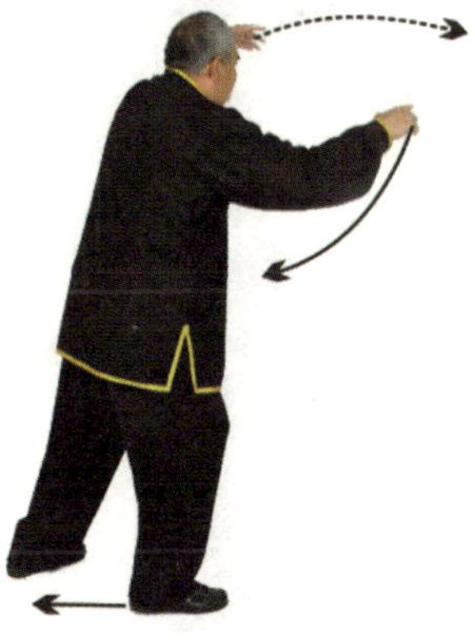

图 552

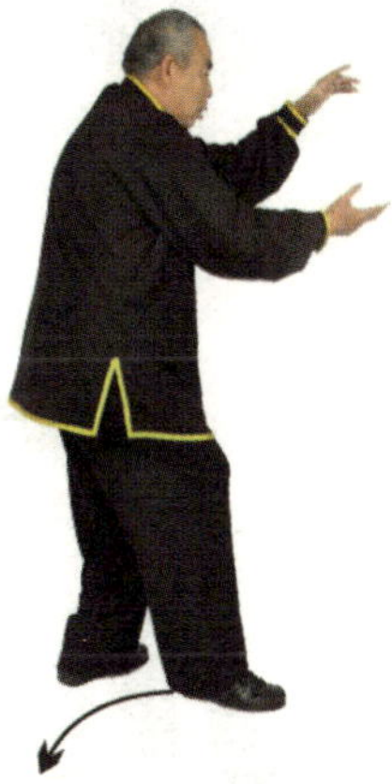

图 553

（三）

身体重心后移至左腿，右脚提起后撤（图554）；左脚跟外踝，身体右转，左手前推，右手后拉，同时，身体向右靠出（图555）；身体右转，两腕放松，左手后拉，右掌前按，重心前移（图556）；身体左转，右手向上划弧且掌心向下，左手向外划弧且掌心翻转向上，左脚提起后拉，身体转正，两手相合，呈抱球状，面向正东（图557）。

要求：左手向外划弧时，一定要划至手心向上，手形呈瓦楞状。

用法：当敌从正面抓住我手腕时，我被拿之手松腕外缠，顺势擒敌之手，另一只手下压敌肘；敌后挣时，我撤步，用手掌击打敌面部。

图 554

图 555

图 556

图 557

第九十三式　斜飞势

第一动：接上势，重心后移至右腿，左脚提起后撤，重心后移，左脚跟踏实（图558）；右脚尖内扣，身体左转，右手前推，同时身体向左靠出（图559）；身体左转，两腕放松，重心前移，前脚踏实（图560）。

第二动：身体右转，两臂随身体右转，重心移至右腿；身体左转，两臂外旋，手心翻转，两手于胸前交叉，左手在外，右手在内，两掌心向内，面向东北（图561）；身体右转，两手外开，右脚旋转撤步（图562）；重心右移，左脚尖内扣，身体右转，收右脚，抱球，右脚掌着地，面向东南（图563）。

第三动：松胯松腰，两臂交叉，右脚向斜前方上步，脚跟着地（图564）；身体右转，右臂上掤，左臂下拉，右脚着地，左腿后蹬，面向东南（图565）。

要求：斜飞时，百会上领，对拉拔长。

用法：当敌从正面进攻我时，我右手采敌之手，同时上右步，身体右转，右臂向斜上方掤出。

图 558

图 559

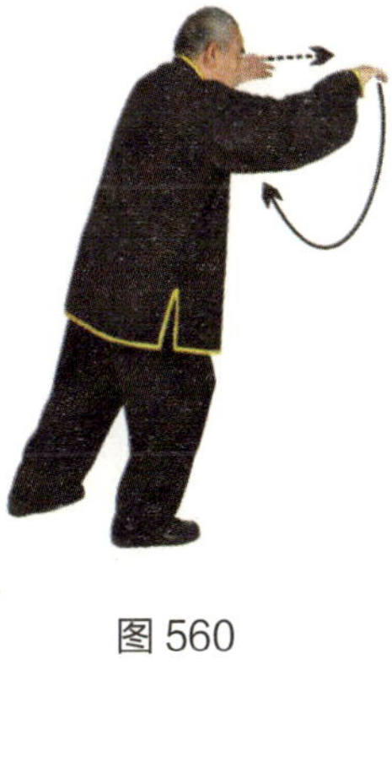
图 560

图 561

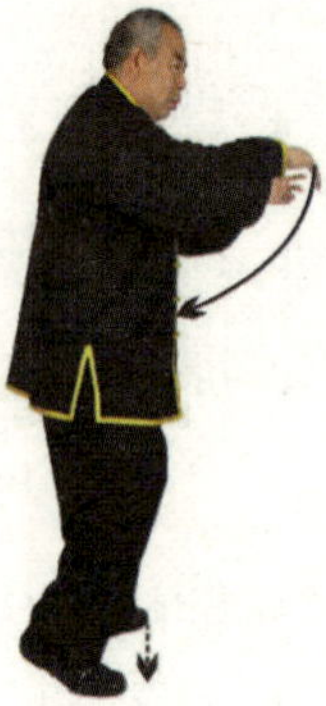

图 562

图 563

图 564

图 565

第九十四式　提手上势

第一动：身体左转，左脚踏实；两掌下捋至腹前抱球（图566）；然后右转，收右腿（图567）。

第二动：提右膝，左腿站直，两手于胸前交叉，然后抬至头上方（图568）；分手蹬脚，两掌心向外（图569）。

第三动：屈膝松胯，右脚跟于右前方落地，两臂外旋下落，右掌心向下，左掌心向上，重心仍在左腿（图570）。

第四动：重心前移，两手向右捋，两掌心相对，面向正西（图571）。

图 566

图 567

图 568

图 569

图 570

图 571

第五动：松腰松胯，左转，重心前移，左脚跟提起；右手向下、左手向上划弧，两掌心斜相对（图572）。

第六动：腰左转，右手由上向下、左手由下向上划弧，掌心相对（图573）；同时，左脚尖蹍至正东，向左捌出，右脚跟半步，面向正东（图574）。

要求：蹬脚时，百会上领，左腿直立，右腿前蹬，左手撑，右手按；左右捌时，肘尖必须打出。

用法：当敌用腿进攻我时，我用双臂抱住敌来犯之腿，用右脚蹬敌大腿根部，使敌摔出；当敌从前后进攻我时，我一手采前面来敌之手腕，另一手控制其肘部，将其㧐出，同时用肘尖击后面来犯之敌。

图 572

图 573

图 574

第九十五式　白鹤亮翅

第一动：接上势，腰右转，重心右移（图575）。

第二动：松胯松腰，右手由上向下、左手由下向上划弧，掌心相对，左脚跟提起，左转45度后落地（图576）；右脚向前跟半步，右脚跟提起；左手向上，右手向下，两手相合抱球（图577）。

第三动：重心后移，右脚跟着地，同时右掌向左下方按出，左手合至右耳旁（图578）。

第四动：腰右转，右手斜向上划弧，掌心斜向前，左手贴于右臂弯处（图579）。

第五动：身体左转，左手向左下方划弧至左膝外侧，指尖朝前，面向正东（图580）。

要求：右手下按时，屈膝松胯，右脚跟着地，百会上领；亮翅时，身体右转，腰背靠出。

用法：当敌从前后进攻我时，我向前跟半步，用右掌下按前面来敌之小腹，接着身体右转将后面来敌靠出。

图 575

图 576

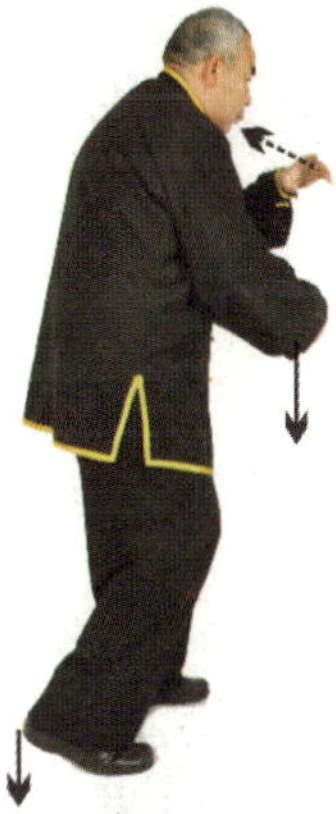

图 577

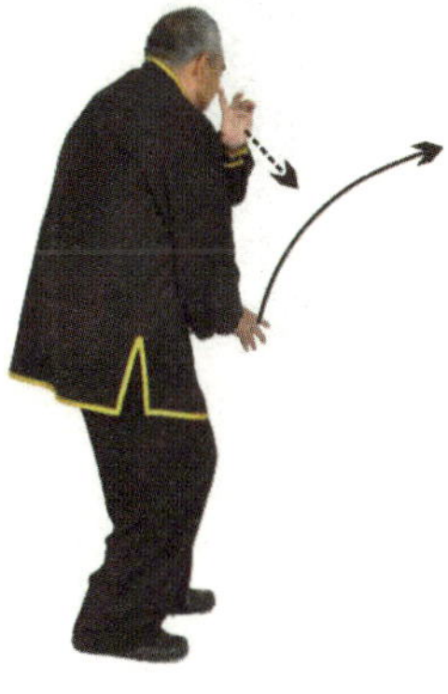

图 578

图 579

图 580

第九十六式　左搂膝拗步

第一动：接上势，身体左转，右手向下、左手向上划弧，转至左上方（图581、附图581）。

第二动：身体右转，左手向下置于胸前，左手掌心斜向下；右手向上划圆，至右上方，右手掌心斜向上（图582）。

第三动：身体左转，两手于体前划弧，屈右膝，迈左步，左脚跟着地（图583）；前脚踏实，左手搂膝至左膝外侧，右手由耳后向前按出，右脚跟同时外蹍，面向正东（图584）。

要求：转身时要做到上动下不动；右掌前按时呈“S”形先向前再向上按出，百会上领，右腿蹬直，腰背后撑。

用法：当敌用脚踹我下肢时，我左手将敌腿搂开，右手按敌胸膛，将敌击出（图583、图584）。

图 581

附图 581

图 582

图 583

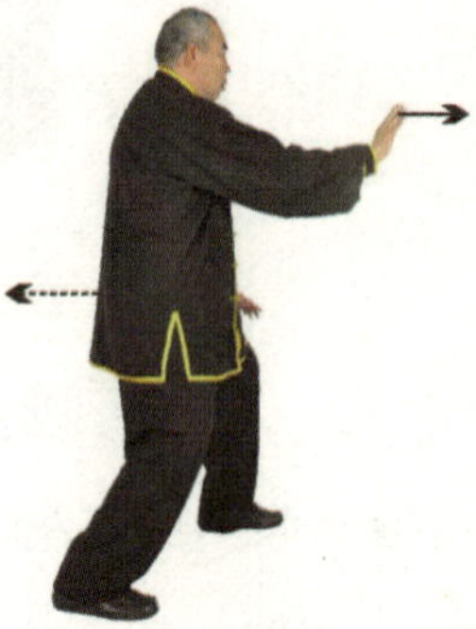

图 584

第九十七式　海底针

第一动：接上势，右胯前送，左胯后收，身体左转，松右腕，变平掌，掌心向下，左手后拉（图585）；身体右转，后脚提起（图586）；身体左转，右脚跟半步，前脚掌着地（图587）。

第二动：身体右转，重心后移，右脚踏实；同时，右手向后上划圆至右耳上，左手随腰转动，向右划平弧（图588）。身体左转，左手向左划弧至左膝外，右手先向下再向前斜插，面向正东（图589）。

要求：松胯下沉，转动时要协调，下插时目视斜前方，重心在后，切忌低头弯腰。

用法：当敌从前方拉我右手时，我跟半步，松右掌将敌之力化掉，我顺势用右手采敌之手腕，左手击打敌肘部（图585、图586、图587）。当敌从前后进攻我时，我身体右转，向后划弧击打后面来犯之敌，接着身体左转，左手向左划弧拨开前面来敌之进攻，右手下插其裆部（图588、图589）。

图 585

图 586

图 587

图 588

图 589

第九十八式 闪通臂

接上势，身体右转，左右手向上划弧相合；左脚上半步，脚跟着地（图590）；身体右转，左手斜向下、右手斜向上划弧，前脚踏实，身体打开，呈左弓步，面向正东（图591）。

要求：眼随手动，目视前方约 3 米处，前脚踏实时脚掌下踩。

用法：接海底针式，当敌后退时，我上步，用左手击打敌面部。

图 590

图 591

第九十九式　转身进步搬拦捶

第一动：重心后移，身体右转，左脚尖跷起内扣；两手随腰右转至正西后下按，手心向前下方（图592）；身体左转，两手下捋，掌心相对（图593）；身体右转，左手向上、右手向下划弧，右脚收至左脚处（间隔约20厘米），左手至胸前，掌心向下；右手至裆前变拳，拳心向内；面向西南（图594）。

图 592

图 593

图 594

第二动：身体右转，左手由上向下划弧至胯前，右手由下向上划弧；同时右腿提起向前上步，脚跟着地，右手搬至正前方，拳心向内，与肩同高；面向正西（图595）。

第三动：重心前移，右脚踏实（图596）。

第四动：身体右转，重心后移，右脚尖跷起，右手变掌，掌心向上；左手后撑，掌心向后（图597）；身体右转，右脚尖外摆，右手向外划圆变拳至腰间，左手先向外再向前划弧至前方，掌心向外；左脚跟至右脚内侧，重心在右，面向西北（图598）。

图 595

图 596

图 597

第五动：身体左转，上左腿，脚跟着地（图599）；左手外拦，身体左转，重心前移，同时左脚踏实，右拳打出，拳眼向上；左手收至右肘内侧，掌心向下，面向正西（图600）。

要求：以腰带动四肢，周身协调。

用法：当敌进攻我面部时，我用左手下压敌手，上右步，右拳由上向下击打敌头顶或面部；敌后撤时，我上左步，左手拦，右手用拳将敌打出。

图 598

图 599

图 600

第一百式　上步揽雀尾

接上势，身体右转，两手向外划弧，重心在后，左脚尖跷起，身体右转，同时右手向上划弧且掌心向前，左手向下划弧且掌心向内（图601）；身体左转，右手向下划弧，左手向上划弧，呈抱球状（图602）；重心左转前移，左脚踏实，右脚提起旋转至左脚内侧，面向西南（图603）。

图 601

图 602

图 603

掤：

第一动：接上势，松左胯，身体左转，两臂相合，屈左膝，迈右步，右脚跟着地（图604）。

第二动：往前移重心，右脚掌着地；右臂滚动，前掤于胸前，左手向下划弧至小腹前（图605）。

第三动：身体继续右移，重心前移，后脚跟外踱；手随腰转，屈右臂前掤，掌心向内，左手按至左胯前；面向正西（图606）。

要求：两臂撑圆，屈膝圆裆，前臂滚动掤出。

用法：当敌用左手进攻我胸部时，我右手采敌左手腕，上右步，右臂滚动将敌掤出。

图 604

图 605

图 606

捋：

第一动：接上势，身体右转，两手随腰向右前划圆，右手在上，左手在下，掌心相对（图607）。

第二动：身体左转，松左胯，收右胯，重心在左腿；右手向下、左手向上划弧，掌心相对；面朝正西（图608）。

要求：不顶不抗，手随腰动。

用法：当我拿敌之右臂时，敌必会向后撤，我随敌之力向前送，然后左转，我左手采住敌手腕，右手控制敌左肘，左手向上、右手向下划弧，使敌向前栽出。

图 607

图 608

挤：

第一动：接上势，身体继续右转，右手向下、左手向上划弧，接手于胸前，左手搭于右手腕上，左掌心向外，右掌心向内，身体后坐，右脚尖跷起（图609）。

第二动：重心前移，右脚踏实，两臂前挤，腰背后撑，面朝正西（图610）。

要求：前挤时，百会上领，左腿绷直，腰背后撑，双臂撑圆，力从根发。

用法：当敌捋我时，我身体右转，利用挤劲，将敌向后挤出。

图 609

图 610

按：

第一动：接上势，腰肌打开，两手交叉相合，掌心向下（图611）；向前移重心至左腿，腰肌合住，两手打开，掌心相对（图612）；接着两手先向外再向上划圆，身体后坐，右脚尖跷起，两手后收，落于胸前，掌心斜向下（图613）。

第二动：百会上领，两腿绷直，双手下按至胯前，掌心斜向下（图614）。

第三动：向后松胯，两手先向外再向内划圆至胸前，掌心斜相对（图615）；接着右脚踏实，左腿后绷，两掌向斜上方用掌根按出，面向正西（图616）。

要求：按掌时，力在掌根，百会上领，前后对撑。

用法：当敌用双手攻击我胸部时，我利用两臂划圆，腰背后撑，将敌之力化掉，然后将敌按出。

图 611

图 612

图 613

图 614

图 615

图 616

第一百零一式　单鞭

第一动：接上势，松胯松腰，左脚跟抬起，向右转腰，右手向上、左手向下划弧，右掌心向下、左掌心向上抱球；左脚跟朝南，重心移至左脚掌，面向正北（图617、附图617）。

第二动：腰左转，重心移至右脚，右手向外、左手向上划弧至面前同耳高，两掌心相对；左脚外踬135度（图618）；向前移重心至左脚，右脚跟至左脚内侧；左手向右下、右手向左下划弧，左手在上、右手在下呈抱球状，面朝东南（图619）。

图617

附图617

图618

第三动：松胯右转腰，两手相合，右脚向斜前方上步，脚跟着地（图620）；身体右转，重心右移，右脚踏实，左手搭在右腕上（图621）；身体左转，接着身体再右转，左脚跟至右脚内侧，右手掌心向外，面向西南（图622）。

第四动：撤左步，右手由掌变勾手，重心后移至左腿，呈吊马步（图623）。

第五动：腰左后转，后坐，右脚尖内扣，左手向左后划弧，掌心向内（图624）；腰继续左转，左脚尖跷起外摆，重心移至右腿，左手掌心外翻（图625）；重心前移，左脚踏实，右手后撑，左手前按，面朝正东（图626）。

要求：立身中正，重心移动要稳。第五动打出时要百会上领，前后对撑。

用法：当敌从前面进攻我时，我用右手叼敌之脉门，敌后挣时，我顺势用腕尖将敌击出。当敌从左后方来犯时，我随之左转，用掌击按该敌。

图 619

图 620

图 621

图 622

图 623

图 624

图625

图626

第一百零二式　云手

（一）

第一动：接上势，身体右转，重心前移，右脚外踝，向前松左腕，左手变平掌，掌心向下（图627）；重心后移，身体右转，右手勾手变掌向上划圆，左手向下划圆，左脚尖内扣，重心左移，面向西南（图628）。

图627

图628

第二动：身体左转，左手向上、右手向下划圆（图629）；身体右转，右手向上、左手向下划弧（图630）；身体左转，收右脚，与左脚平行，前脚掌着地，面向东南（图631）。

图 629

图 630

图 631

（二）

第一动：身体右转，右脚踏实，右手向上、左手向下经体前划圆，左脚跟提起（图632）。

第二动：松右胯，上左步，前脚掌着地（图633）；向左转，左脚踏实，左手向上、右手向下划弧，右脚跟上，与左脚平行（图634）。

图 632

图 633

图 634

（三）

第一动：身体右转，右脚踏实，右手向上、左手向下经体前划圆，左脚跟提起（图635）。

第二动：松右胯，上左步，前脚掌着地（图636）；向左转，左脚踏实，左手向上、右手向下划弧，右脚跟上与左脚平行（图637）。

图635

图636

图637

（四）

第一动：身体右转，右脚踏实，右手向上、左手向下经体前划圆，左脚跟提起（图638）。

第二动：松右胯，上左步，前脚掌着地（图639）；向左转，左脚踏实，左手向上、右手向下划弧，右脚跟上，与左脚平行（图640）。

要求：身体中正，两手随腰转动划立圆，两脚平行时间隔约30厘米。

用法：当敌进攻时，我利用旋转一手将敌之力化掉，另一手击打敌肘部。

图 638

图 639

图 640

第一百零三式　单鞭

第一动：接上势，身体右转，右脚踏实，右手向上、左手向下经体前划圆（图641）；松右胯，上左步，前脚掌着地（图642）；向左转，左脚尖外摆，收右步，两手于体前划圆，面向东南（图643）。

第二动：身体右转，左手向外、右手向内划圆，两手交叉，右掌心向内，左掌心向下（图644）；身体左转，左手先向内再向上划圆，右手先向外再向下划圆，右掌心向上、左掌心向下抱球（图645）。

第三动：松胯，腰左转，两手相合，右脚向斜前方上步，脚跟着地（图646）；身体右转，重心右移，右脚踏实，左手搭在右腕上（图647）；身体左转，接着身体再右转，左脚跟至右脚内侧，右手掌心翻转向前，面向西南（图648）。

第四动：撤左步，右手由掌变勾手，重心后移至左腿，呈吊马步（图649）。

第五动：腰左后转，后坐，右脚尖内扣（图650）；腰继续左转，左脚尖外摆，重心移至右腿（图651）；重心前移，左脚踏实，右手后撑，左手前按，面朝正东（图652）。

要求：立身中正，重心移动要稳。第五动打出时要百会上领，前后对撑。

用法：当敌从前面进攻我时，我用右手叼敌之脉门，敌后挣时，我顺势用腕尖将敌击出；当敌从左后方来犯时，我随之左转，用掌击按后面之敌。

图641

图642

图643

图644

图645

图646

图647

图648

图649

图650

图651

图652

第一百零四式　高探马

第一动：接上势，重心前移，后脚跟提起，松右腕（图653）；身体右转，右脚跟半步，右手变平掌，两手同时外旋，掌心向上，左手前插，右手后撑（图654）。

第二动：身体右转，重心后移，右脚跟着地，右手斜向上插掌，掌心向上，左手后撑，掌心向下（图655）；身体左转，右手向上划弧，左手外旋，掌心向上；身体继续左转，左手后拉至小腹前，右手向前推出；左手掌心向上，右手掌心向前，左脚后退半步，呈虚步，面向正东（图656）。

要求：松胯松腰，周身中正协调。

用法：当敌从前后进攻我时，我先用左手插前面来敌之咽喉，然后转身后坐，用右手插后面来敌之眼睛。

图 653

图 654

图 655

图 656

第一百零五式　白蛇吐信

第一动：接上势，松胯下沉，右手向右下方划弧，由掌变拳，拳心向上，同时左膝提起（图657）。

第二动：右拳收回，同时左掌前插，左脚向斜下方踹出，面向东南（图658）。

要求：右拳收至左肘下，左掌斜向上插，左脚踹出时，裆要夹紧。

用法：上打敌面部，下踹敌胫骨。

图657

图658

第一百零六式　马步推掌

第一动：接上势，左脚于斜前方落地（图659）；重心前移，前脚掌着地（图660）。

第二动：身体右转，右脚外踝，重心后移，左掌推出，右拳拉至腰际，面向东南（图661）。

要求：周身协调一致。

用法：当敌前后夹击我时，我先用左手推前面来敌之胸膛，再用肘击打后面来敌之腹部。

图659

图660

图661

第一百零七式　十字蹬脚

第一动：接上势，重心后移，身体右转，左脚尖内扣，左掌内旋外推，右拳向外划弧（图662）；身体右转，重心左移，右拳变掌向内划弧，左掌向内划弧，提右膝，两掌心相对（图663）。

图662

图663

第二动：两手抱膝后上提，于胸前交叉至头顶（图664）；两手外分，掌心向外，同时左脚向前蹬出，面向正西（图665）。

要求：蹬脚时，百会上领，身体中正。

用法：上架敌手，下蹬敌腹部。

图 664

图 665

第一百零八式　进步指裆捶

第一动：接上势，右脚跟落地，身体左转，右手向下划弧变拳至腹前（图666）；身体右转，右手向上划弧至胸前与肩同高，拳心向上，左手向下划弧至胯前（图667）；重心前移，右脚踏实，右拳外摆，拳心向左；身体左转，重心后移，右脚尖跷起，右拳左摆，拳心向左，面向正西。反复5次（图668-1、图669-1、图668-2、图669-2、图668-3）。

图 666

图 667

图 668-1

图 669-1

图 668-2

图 669-2

图 668-3

第二动：身体左转，提右膝（图670）；屈膝松胯，右脚向前迈步，脚跟着地（图671）；重心前移，右脚踏实（图672）；身体右转，重心后移，右拳变掌向右划平圆，右脚尖跷起（图673）；身体左转，右手向左划平圆，掌心向上（图674）；身体右转，右脚尖外摆，重心前移，右脚踏实，左脚跟至右脚内侧，右手向右划弧收至腰间，左手向前拦至正前方，面向西北（图675）。

图 670

图 671

图 672

图 673

图 674

图 675

第三动：松胯左转，左脚向前迈步，左脚跟着地（图676）；重心前移，前脚掌着地，右手立拳斜向下指裆并击打，左手收至右臂弯处，面向正西（图677）。

要求：腰领四肢，指裆时，左手收至右臂弯处。

用法：当敌后退时，我落右腿，上左步，左手拦、右手击打敌裆部。

图 676

图 677

第一百零九式　上步揽雀尾

接上势，身体右转，重心右移，左脚尖跷起，左手向下划弧，右手变掌向上划弧（图678）；身体左转，左脚尖外摆，重心前移，右脚跟步，左手在上，右手在下，呈抱球状面向西南（图679）。

图 678

图 679

掤：

第一动：接上势，松左胯，两臂相合，屈左膝，迈右步，右脚跟着地（图680）。

第二动：身体右转，往前移重心，前脚掌着地，右臂滚动，前掤于胸前，左手向下划弧至小腹前（图681）。

第三动：身体继续右移，重心前移，后脚跟外蹍，手随腰转，屈右臂前掤，掌心向内，左手按至左胯前，面向正西（图682）。

要求：两臂撑圆，屈膝圆裆，前臂滚动掤出。

用法：当敌用左手进攻我胸部时，我右手采敌左手腕，上右步，右臂滚动，将敌掤出。

图 680

图 681

图 682

捋：

第一动：接上势，身体右转，两手随腰向右前划圆，右手在上，左手在下，掌心相对（图683）。

第二动：身体左转，松左胯，收右胯，重心在左腿，右手向下、左手向上划弧，掌心相对，面朝正西（图684）。

要求：不顶不抗，手随腰动。

用法：当我拿敌之右臂时，敌必会向后撤，我随敌之力向前送，然后左转，我左手采住敌手腕，右手控制敌左肘，左手向上、右手向下划弧，使敌向前栽出。

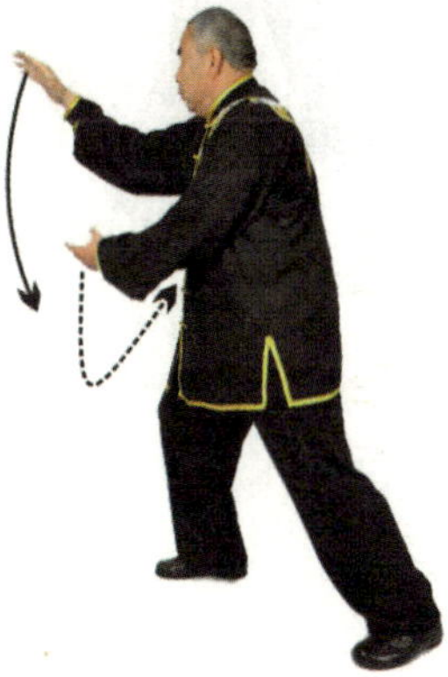

图 683

图 684

挤：

第一动：接上势，身体继续右转，右手先向下再向上、左手向上划弧，接手于胸前，左手搭于右手腕上，左掌心向外，右掌心向内，身体后坐，右脚尖跷起（图685）。

第二动：重心前移，右脚踏实，两臂前挤，腰背后撑，面朝正西（图686）。

要求：前挤时，百会上领，左腿绷直，腰背后撑，双臂撑圆，力从根发。

用法：当敌捋我时，我身体右转，利用挤劲，将敌向后挤出。

图 685

图 686

按：

第一动：接上势，腰肌打开，两手交叉相合，掌心向下（图687）；向前移重心，腰肌合住，两手打开，掌心相对，重心移至左腿（图688）；接着两手先向外再向上划圆，身体后坐，右脚尖跷起，两手后收，落于胸前，掌心斜向下（图689）。

第二动：百会上领，两腿绷直，双手下按至胯前，掌心斜向下（图690）。

第三动：向后松胯，两手先向外再向内划圆至胸前，掌心斜相对（图691）；接着右脚踏实，左腿后绷，两掌向斜上方用掌根按出，面向正西（图692）。

要求：按掌时，力在掌根，百会上领，前后对撑。

用法：当敌用双手攻击我胸部时，我利用两臂划圆，腰背后撑，将敌之力化掉，然后将敌按出。

图 687

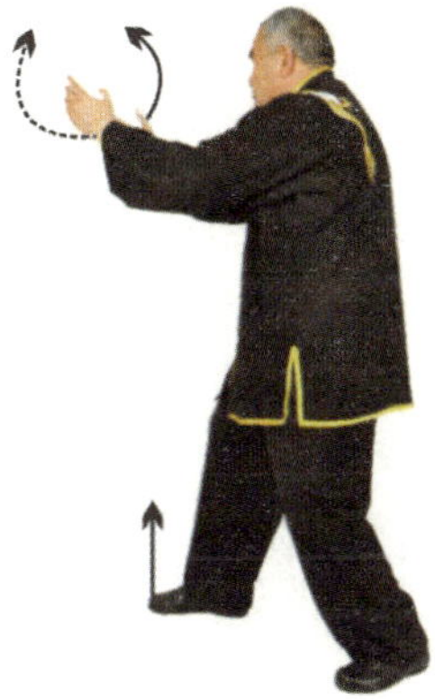

图 688

图 689

图 690

图 691

图 692

第一百一十式　单鞭

第一动：接上势，松胯松腰，左脚跟抬起，向右转腰，右手向上、左手向下划弧，右掌心向下、左掌心向上抱球；左脚跟朝东南，重心移至左脚掌，面向正北（图693、附图693）。

第二动：腰左转，重心移至右脚，右手向下、左手向上划弧，左脚尖外蹍135度（图694）；向前移重心至左脚，右脚跟至左脚内侧，左手掌心向下、右手掌心向上抱球，面朝东南（图695）。

第三动：松胯，腰右转，两手相合，右脚向斜前方上步，脚跟着地（图696）；身体右转，重心右移，右脚踏实，左手搭在右腕上（图697）；身体左转，接着身体再右转，左脚跟至右脚内侧，右手掌心外翻，面向西南（图698）。

第四动：撤左步，右手由掌变勾手，重心后移至左腿，呈吊马步（图699）。

第五动：腰左后转，后坐，右脚尖内扣；左手向左后方划弧，掌心向内（图700）；腰继续左转，左脚尖外摆，重心移至右腿，左手掌外翻（图701）；重心前移，左脚踏实，右手后撑，左手前按，面朝正东（图702）。

要求：立身中正，重心移动要稳。第五动打出时要百会上领，前后对撑。

用法：当敌从前面进攻我时，我用右手叼敌之脉门；敌后挣时，我顺势用腕尖将敌击出。当敌从左后方来犯时，我随之左转，用掌击按该敌。

图693

附图693

图694

图 695

图 696

图 697

图 698

图 699

图 700

图 701

图 702

第一百一十一式　下势

接上势，身体右转，左脚尖内扣，重心在右，两手同时随身体向右划弧（图703）；身体左转，右腿屈膝下蹲，左脚尖外摆，右手变勾手向右后方划弧，左手穿掌，面向正东（图704）。

要求：下势时，要立身中正，穿掌时手贴脚踝内侧。切忌弯腰突臀。

用法：后勾手击打敌小腹，前穿掌击打敌脚踝。

图 703

图 704

第一百一十二式　上步七星

第一动：接上势，重心前移，身体先左转，后右转，右脚跟提起（图705）；身体右转，右脚向前迈步，前脚掌着地，两手变拳交叉于胸前，左拳心向内，右拳心向外，左手在内，右手在外，面向正东（图706）。

要求：向前迈步时以腰带动四肢，虚实分明。

用法：当敌从正面进攻我时，我上步架打。

图 705

图 706

第一百一十三式　退步跨虎

第一动：接上势，屈膝松胯，右脚后撤，前脚掌着地，两手下落于小腹前，左脚跟外摆（图707）。

第二动：重心后移，右脚跟落地，左手先向左再向右划弧至左胯前，右手先向右再向左划弧，与右臂相照，左手掌心向下，右手掌心向外，面向正东（图708）。

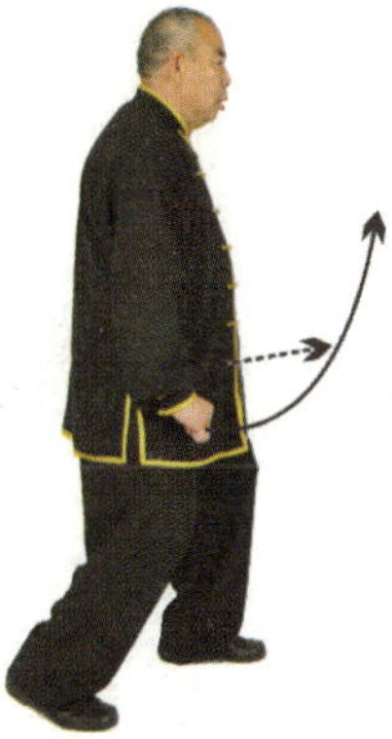

图 707

图 708

要求：虚实分明，周身相合。

用法：当敌从左右进攻我时，我迅速先向下再向左右划弧，将敌之力化掉，然后，左手先左后右划弧，击打敌肋部，右手先右后左划弧，击打敌太阳穴。

第一百一十四式　转身摆莲

第一动：接上势，重心前移，左脚踏实，右脚跟提起（图709）；身体右转，重心前移，右脚尖外踝，手随腰转（图710）；重心前移，右转，左脚跟提起，手随腰转（图711）；身体右转，上左步，左脚尖内扣，手随腰转（图712）；身体右转，重心前移至左腿，右脚跟提起，脚尖外踝，手随腰转（图713）。

第二动：重心前移，身体右转，左脚向左迈步，手随腰转（图714）；后脚踏实，身体右转，右脚尖外踝，左手掌心向下划弧至小腹前，右手掌心向外划弧至斜前方（图715）；屈膝松胯，提右膝向左转（图716）；身体右转摆莲，面向正东（图717）。

要求：摆莲时，手向左，腿向右，脚面绷直，击打脚面时要双响。

用法：当敌从正面进攻我时，我腿外摆，击打敌头部。

图 709

图 710

图 711

图 712

图 713

图 714

图 715

图 716

图 717

第一百一十五式　弯弓射虎

第一动：接上势，右腿收回并向斜前方迈步，两手变拳收至两耳旁，拳心向内（图718）；重心前移，左腿后撑，左拳向前打击，拳心向下，右拳外旋，拳心向外至右耳旁（图719）。

第二动：松胯，腰左转，左脚外踝，重心移至左腿，左拳和右拳内旋至太阳穴，拳心向内（图720）；身体左转，右脚后蹬，右腿后绷，右拳向前旋转击出，拳心向下，左拳外旋至耳旁，拳心向外，面向正东（图721）。

要求：周身协调，以腰为轴，出拳时，旋转击出，力从根发。

用法：当敌向我头部进攻时，我迅速拧腰，一拳护头，一拳向前将敌击出。

图718

图719

图720

图721

第一百一十六式　进步搬拦捶

第一动：接上势，身体右转，两拳变掌，掌心向下，右手向上、左手向下划弧，右脚尖外踬，重心在左（图722）；收右脚，两手下捋至小腹前，右掌心向下，左掌心向上（图723）；身体左转，两手向下划弧，右掌变拳内旋，拳心向外（图724、附图724）；左手向上划弧，右拳拳心向下提至左胸前，左手至头左侧上方，掌心向外（图725、附图725）。身体右转，左手向下、右手向上划圆，左手落至左胯前，掌心向下，右拳由上向下搬出，拳心向上，同时右脚向前迈出，重心前移，前脚踏实，重心落至右腿上（图726）。

图 722

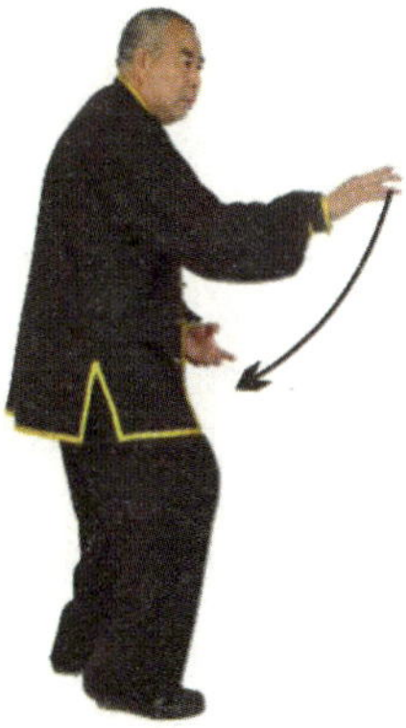

图 723

图 724

附图 724

图 725

附图 725

图 726

第二动：身向左转，重心左移，右脚尖跷起（图727）；身体右转，右手变掌，左手后撑，右掌心向上，左掌心向后（图728）；身体右转，右脚尖外摆后落地，右手向外划圆变拳至腰间，左手先向外再向前划圆至前方，左脚跟至右脚内侧，重心在右，面向东南（图729）。

第三动：身体左转，上左腿，脚跟着地，左手外拦；身体左转，重心前移，左脚踏实；右拳打出，拳眼向上；左手收至右肘内侧，掌心向下，面向正东（图730）。

图 727

图 728

图729

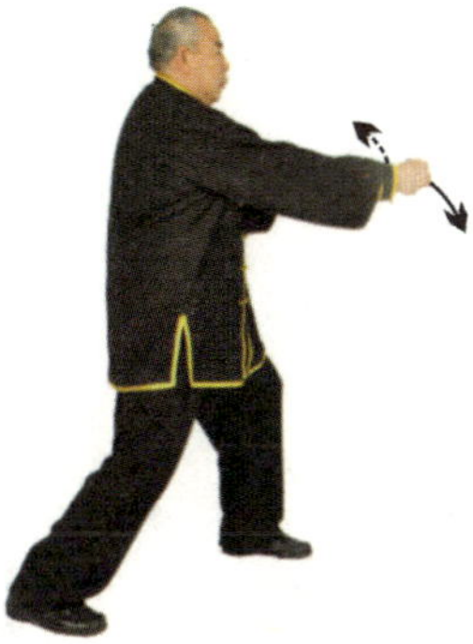

图730

要求：以腰带动四肢，周身协调。

用法：当敌进攻我面部时，我用左手下压敌手上右步，右拳由上向下击打敌头顶或面部；敌后撤时，我上左步，左手拦，右手用拳将敌打出。

第一百一十七式　如封似闭

第一动：接上势，向右转，左手经右手掌外缘，两手向外打开，掌心向下（图731）。

第二动：向左转，两手交叉相合，掌心向内（图732）。

第三动：向右转，两手内缠，右手腕尖打出，左手搭于右小臂

图731

图732

图733

处（图733）。

第四动：左转，两手交叉，掌心向下（图734）。

第五动：右转，重心后移，左脚尖跷起，两手向外划弧打开，掌心相对（图735）。

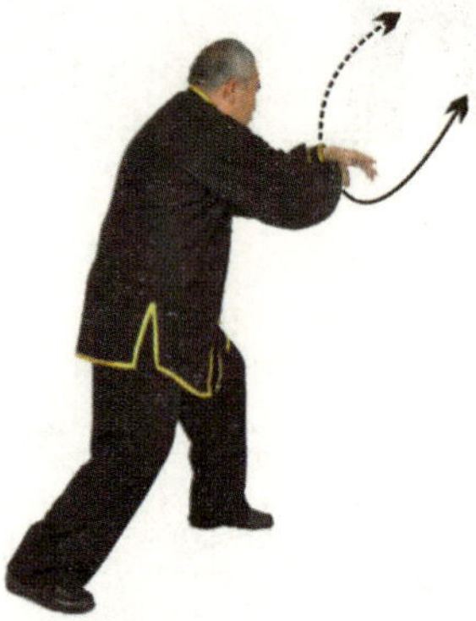

图734

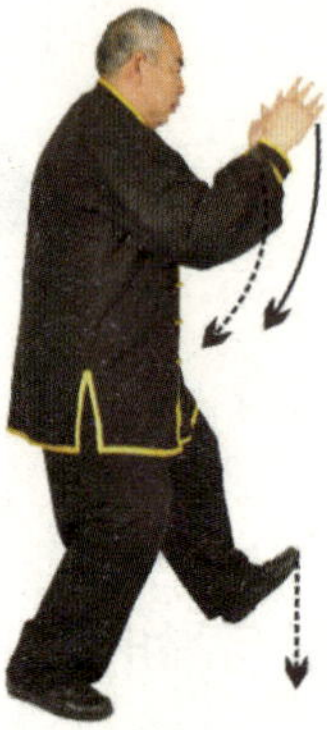

图735

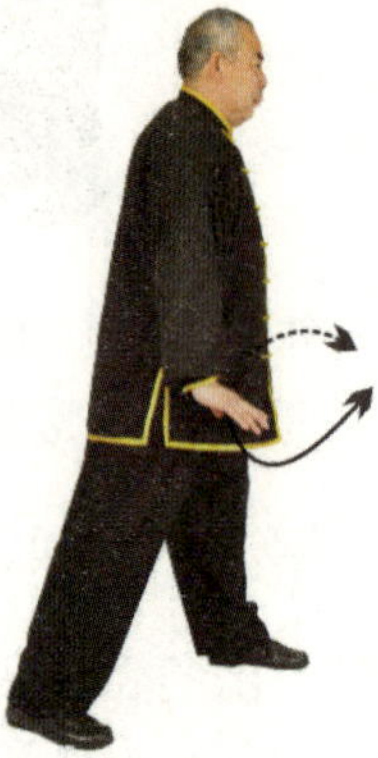

图736

第六动：身体左转，重心后移，两手下按，左脚踏实（图736）。

第七动：向后松胯，两手先向外再向内划圆置于胸前，拇指相对，两手心斜相对（图737）；接着，两手向斜上方用掌根按出，左脚踏实，右腿后绷，面向正东（图738）。

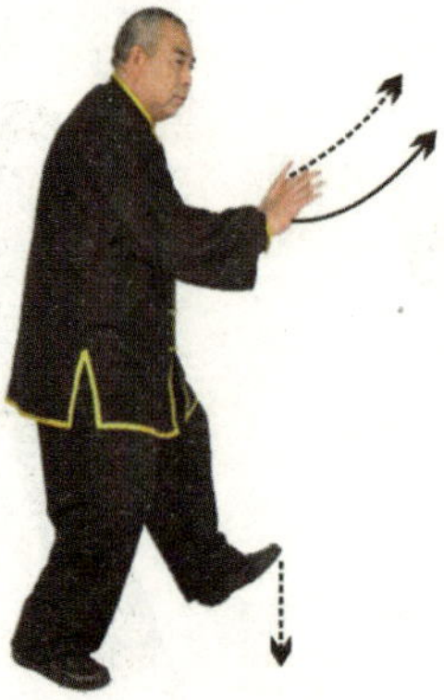

图737

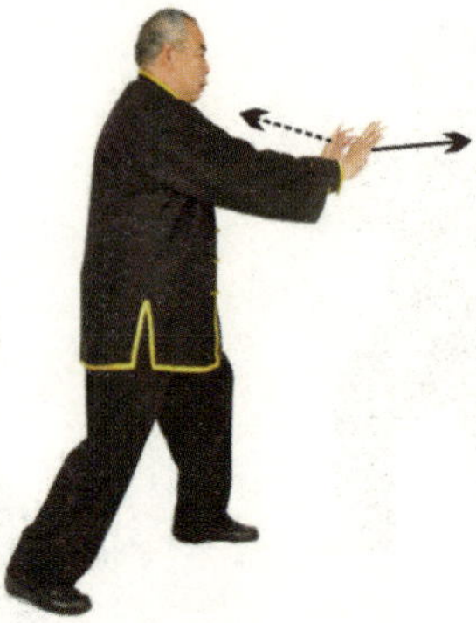

图738

要求：以腰为轴，四肢相随，协调一致，力从根发。

用法：当敌进攻时，我利用如封似闭，将敌力化掉，然后将敌按出。

第一百一十八式　十字手

第一动：接上势，身体左转，右手前推，左手后拉（图739）。

第二动：身体右转，重心右移，左脚尖内扣，左手前推（图740）；右手向右划弧，右脚尖外摆45度，两掌心向下，呈右弓步（图741）。

第三动：屈膝松胯，左转，右脚尖内扣；两臂于胸前交叉，掌心向内；左转，收右脚；右转，面向正南（图742）。

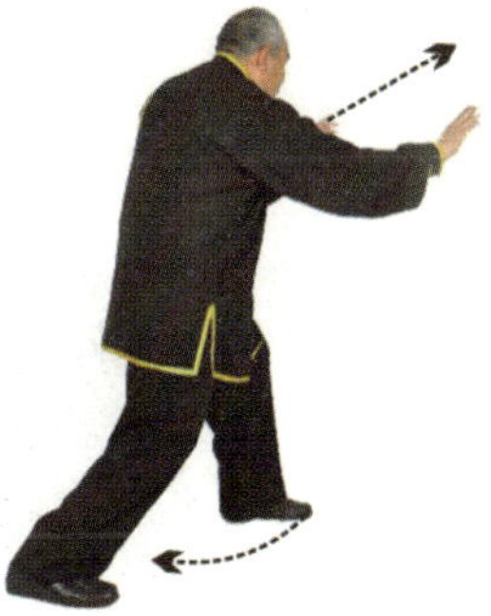

图739

图740

图741

图742

要求：立身中正，切忌弯腰低头。

用法：当敌从侧面进攻时，我身体右转将敌之力化掉，然后用两臂抱住敌腿，将敌抛出。

第一百一十九式　收势

第一动：接上势，身体右转，重心右移，两手经体前向右上方划弧，右手外旋，左手内旋，左手手心向内，右手手心向外，左手贴于右小臂内侧（图743）。

第二动：身体左转，重心左移，右手向左下方划弧并采至左胯旁，掌心向内，面向东南（图744）。

第三动：重心右移，身体右转，两手分开，掌心向下，面向正南（图745）。

图 743

图 744

图 745

第四动：身体左转，重心右移，左脚跟提起（图746）；身体右转，左脚收至与右脚平行，两手先向外再向内划弧，贴于两腿外侧，两腿自然站立，面向正南（图747）。

要求：转动时，松胯松腰，身体下沉。

用法：当敌从正面进攻我时，我身体先向右转，两手外掤将敌之力化掉，然后身体左转，左手控制敌之肘，右手下采敌手腕，左手上提，将敌摔倒。

图746

图747

传统太极拳 24 式

预备式

第一式　太极起势

第二式　野马分鬃

第三式　白鹤亮翅

第四式　搂膝拗步

第五式　手挥琵琶

第六式　倒撵猴

第七式　左揽雀尾

第八式　右揽雀尾

第九式　单鞭

第十式　云手

第十一式　单鞭

第十二式　高探马

第十三式　右蹬脚

第十四式　双峰贯耳

第十五式　转身左蹬脚

第十六式　左下势独立

第十七式　右下势独立

第十八式　左右穿梭

第十九式　海底针

第二十式　闪通臂

第二十一式　转身搬拦捶

第二十二式　如封似闭

第二十三式　十字手

第二十四式　收势

预备式

要求：双脚并立，周身自然放松，立身中正，不偏不倚，下颌微收，屈腕松腕，目视前方（图1）。

第一式　太极起势

第一动：重心右移，右腿微屈，左脚跟提起，身体左转，左脚向左开半步，左脚掌着地，然后脚跟着地，屈膝圆裆，目视前方，面向正南（图2）。

要求：左开步与肩同宽，左脚踏实时要屈膝圆裆，两脚要平行，切忌“内八字”或“外八字”。

第二动：接上势，两腿后撑，双臂前掤，两掌心相对，掤至与肩同高，面向正南（图3）。

要求：双臂前掤时不能弯曲，要用食指领劲。

用法：当敌用双手按住我双腕时，我利用腰腿的后撑劲和双臂的前掤劲，将敌的重心破坏，使其向后摔出。

第三动：接上势，松肩沉肘，两手先向外再向上划弧至与肩同宽（图4）；屈膝松胯，两手先向内再向下划弧至胸前，两掌心相对，与头同宽（图5）；百会上领，两腿后撑，两手下采至胸前（图6）；腰微右转，两手先向外再向内划弧至胸前，两掌心向外，两拇指相对（图7）；两手向前按出，力在掌根，面向正南（图8）。

要求：向前按出时，百会上领，腰腿后撑。

图 1

用法：当敌按住我双臂时，我利用两臂、腰部的转动，摆脱敌手，顺势向敌胸膛按出。

第四动：接上势，松腕，两手变平掌，掌心向下（图9）；两手下采，向下划弧至腹前，同时两腿后撑（图10）；屈膝松胯，两手按至胯旁，掌心向下，面向正南（图11）。

要求：松胯松腰，百会上领，腰腿后撑。

用法：当敌双手向我胸部按击时，我双手采敌之手腕，利用腰腿的后撑劲，使敌向前栽出。

图 2

图 3

图 4

图 5

图 6

图 7

图8

图9

图10

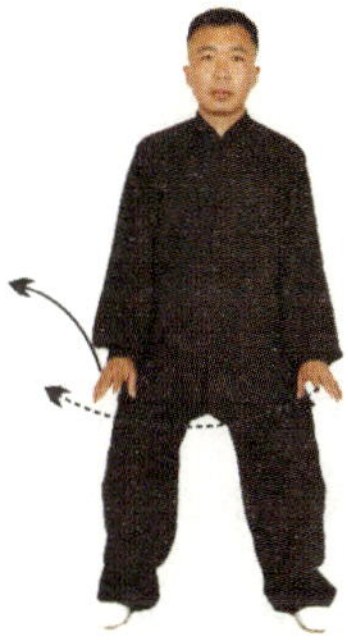

图11

第二式　野马分鬃

左：

第一动：接上势，松右胯，身体右转，两手松腕向右上方划弧，两掌心向外，重心在左，面向正西（图12）；腰向左转，两手先向上再向左划弧，重心在右，两臂外掤，右掌心向左，左掌心向下，面朝东南（图13）；腰右转，右手向上、左手向下划弧，重心在右，同时收左脚至右脚内侧，右脚掌着地，屈右腿，呈抱球势，右掌心向下，左掌心向上，面向正南（图14）。

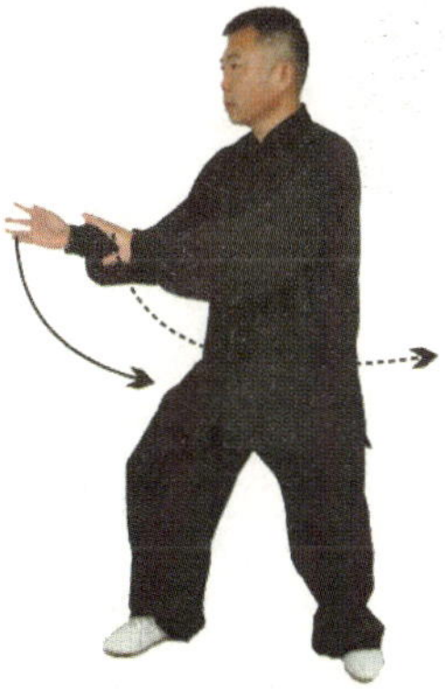

图12

图13

图14

要求：身体转动时，裆要撑圆，两手外掤时要沉肩坠肘，屈膝松胯。

用法：当敌从正面拿住我双腕时，我利用腰的右转，摆脱敌之手，顺势采住敌手臂，接着身体先左转，再右转，破坏敌重心，使敌栽倒。

第二动：接上势，松右胯，身体左转，上左步，左脚跟着地，左掌下插，右手护至左耳旁（图15）；身体继续左转，左手由下向上划弧，掌心向上，右手向下划弧，置于右胯外侧，掌心向下，左脚踏实，右脚跟外蹍，面向正东（图16）。

要求：立身中正，手随腰动，肘膝相合，切忌突臀。

用法：当敌从正面向我进攻时，我右手采敌之手，同时上左步，身体左转，将敌靠出。

图 15

图 16

右：

第一动：接上势，屈膝松胯，身体右转，重心右移，左手先向前再向内划弧，右手先向后再向外划弧，两掌心斜向下，两虎口相对，同时左脚尖跷起内扣，面向正南（图17）；身体左转，左脚尖跷起外摆，右手向前划弧，左手向左划弧，重心前移，面向正东（图18）；身体继续左转，左脚踏实，右脚跟至左脚内侧，前脚掌着地，两手相合，左手在上、右手在下，呈抱球状，面向正北（图19、附图19）。

第二动：接上势，松左胯，身体右转，上右步，右脚跟着地，右掌下插，左手护至右耳旁（图20、附图20）；身体继续右转，右手由下向上划弧且掌心向上，左手向下划弧且掌心向下；右脚踏实，左脚跟外踬，面向正东（图21）。

图 17

图 18

图 19

附图 19

图 20

附图 20

图 21

要求：立身中正，肘膝相合，切忌突臀。

用法：当敌从正面向我进攻时，我左手采住敌手，同时上右步，利用身体右转，将敌靠出。

左：

第一动：接上势，身体左转，右手先向前再向内划弧，左手先向后再向内划弧，掌心向下，重心在左，右脚尖跷起内扣，面向东北（图22）；身体右转，右脚尖外摆，右手向前划弧，左手向右划弧，重心前移，右脚踏实，面向正东（图23）；身体继续右转，左脚跟至右脚内侧，前脚掌着地，两手相合，右手在上、左手在下，呈抱球状，面向正南（图24）。

图22

图23

图24

第二动：接上势，松右胯，身体左转，同时上左步，左脚跟着地，左手向下插掌，右手护至左耳旁（图25）；身体继续左转，左手由下向上划弧且掌心向上，右手向下划弧且掌心向下，左脚掌踏实，右脚跟外蹍，面向正东（图26）。

要求：立身中正，肘膝相合，切忌突臀。

用法：当敌从正面向我进攻时，我右手采敌之手，同时上左步，身体左转，将敌靠出。

图 25

图 26

第三式　白鹤亮翅

第一动：接上势，右胯前送，左胯后收，左手内收至胸前，掌心向右，右手由掌变勾手，向前划弧至腹前，面向正东（图27）；身体右转，右手勾手变掌，左手前推，右手后拉，左手掌心向前，右手掌心向下，同时右脚跟抬起内扣，重心在左，面向东南（图28）；身体继续右转，重心左移，右脚踏实，左脚尖跷起内扣，两手向右后方划弧；左手在上、右手在下，呈抱球状，面向正西（图29）。

图 27

图 28

图 29

要求：转动中，松胯松腰，手随腰转，沉肩坠肘。

用法：当敌前后夹击我时，我右手控制前方来敌之手腕，左手托其肘，向右后捌，使其向前栽出，同时我可利用右肘攻击后面来犯之敌。

第二动：接上势，身体左转，重心右移，左脚尖跷起外摆，左手向上划弧，右手向下划弧（图30）；重心前移，接着左脚踏实，身体左转，右脚跟半步，前脚掌着地，两臂相合，右手下按，掌心向下。左手护至右耳旁，掌心向外，面向正东（图31）；身体右转，右脚踏实，左脚变虚步，右手向右上方划弧，掌心向上，左手合于右肘弯处，掌心向下，面向东南（图32）；身体左转，左手随之向左下划弧，掌心向下，面向正东（图33）。

要求：百会上领，立身中正，不偏不倚，右手跟步下按时力在掌根。

用法：当敌前后夹击我时，我跟半步，用右手按前方来敌之腹部，然后，右脚跟踏实，向后将后面来犯之敌靠出。

图30

图31

图32

图33

第四式　搂膝拗步

左：

第一动：接上势，身体先左转，然后右转，左手由左向右经体前划弧，合手右肘处，掌心向下；右手先向下再向上划弧，掌心向前，面向东南（图34）。

第二动：接上势，身体左转，屈右膝，上左步，左脚跟着地，同时屈右臂于右耳后（图35）；身体继续左转，左脚踏实，左手经左膝向左划弧，右手向前推出，掌心向前，呈左弓步，面向正东（图36）。

要求：右手向前推掌时，要呈“S”形；左弓步时，身子要转正。

用法：当敌从正面用腿进攻我时，我用左手拦开敌腿，顺势上左步，用右手击打敌胸部。

图34

图35

图36

右：

第一动：接上势，身体微左转，收左胯，送右胯，右手松腕下沉与左手相合（图37）；身体右转，右手向左上划弧，左手向左下划弧，重心右移，面向东南（图38）。

第二动：接上势，身体左转，左脚尖跷起外摆45度，右手向左划弧，掌心向下，左手向右划弧合于右肘下（图39）；身体继续左转，左脚踏实，左手向上划弧，右手向下划弧，合于左肘弯处，左手掌心向右，右手掌心向左，面向西北（图40）。

第三动：接上势，身体右转，屈左膝，上右步，右脚跟着地，同时屈左臂于左耳后（图41）；身体继续右转，右脚踏实，右手经右膝向右划弧，左手向前推出，掌心向前，呈右弓步，面向正东（图42）。

图 37

图 38

图 39

图 40

图 41

图 42

要求：左手向前推掌时，要呈“S”形；右弓步时，身子要转正。

用法：第一动中的身体右转，两手外开击打前后敌之腹部。第三动中，当敌从正面用腿进攻我时，我用右手拦开敌腿，顺势上右步，用左手击打敌胸部。

左：

第一动：接上势，身体微右转，收右胯，送左胯，左手松腕下沉与右手相合（图43）；身体左转，左手向上划弧，右手向右下划弧，右脚尖跷起，重心左移，面向东北（图44）。

第二动：接上势，身体右转，右脚尖外摆45度，左手向右划弧，掌心向下，右手向左划弧（图45）；身体继续向右转，右脚踏实，右手向上划弧，左手向下划弧，合于右肘弯处，左手掌心向下，右手掌心向左，面向东南（图46）。

第三动：接上势，身体左转，屈右膝，上左步，左脚跟着地，同时屈右臂于右耳后（图47）；身体继续左转，左脚踏实，重心左移，左手经左膝前搂过，右手向前推出，面向正东（图48）。

图43

图44

图45

图 46

图 47

图 48

要求：右手向前推掌时，要呈“S”形；左弓步时，身子要转正。

用法：第一动中的身体左转，两手外开击打前后敌之腹部。第三动，当敌从正面用腿进攻我时，我用左手拦开敌腿，顺势上左步，用右手击打敌胸部。

第五式　手挥琵琶

第一动：接上势，身体左转，重心前移，松右腕，变平掌，掌心向下，左手后拉，右脚跟提起（图49）；身体右转，右脚向前跟半步（图50）。

图 49

图 50

第二动：接上势，身体继续右转，右脚踏实，两手相合，左手合于右肘下，两掌心向下（图51）；身体左转，右手向下、左手向上划弧，立掌向前送出，掌心向前，同时左脚尖跷起，面向正东（图52）。

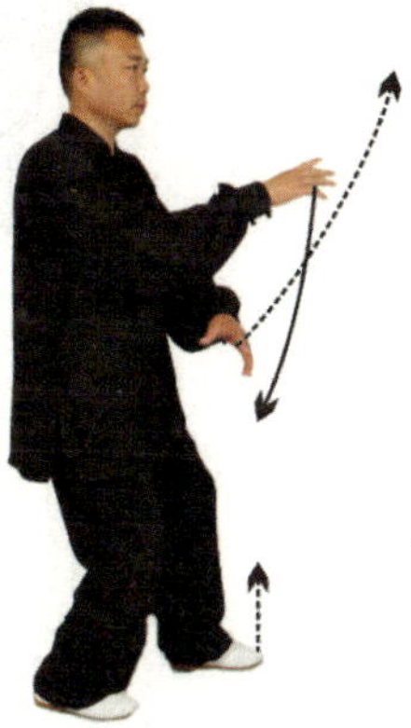

图51

图52

要求：转动时腰胯要松，两掌前送时，力在掌根，腰背后撑。

用法：当敌拉我右手时，我向左转，松右腕，向前跟半步，将敌之力化掉，然后顺势拿敌之手右转，左手自下而上击打敌肘部；接着两手相合，左转将敌送出。

第六式　倒撵猴

（一）

接上势，松胯松腰，身体右转，左手前推，右拳变掌，右后靠出（图53）。身体继续右转，重心前移，两腕放松，两手随身体先向后再向前划弧，前脚掌踏实（图54）。身体左转，右手向下划弧，掌心向下；左手向外划弧，掌心向上。左脚跟提起后拉，身体转正，两手相合，呈抱球状，面向正东（图55）。

图53

图54

图55

（二）

重心后移至右腿，身体左转，左脚提起后撤，重心后移，左脚跟踏实，右脚外踬，右手前推，同时，身体向左靠出（图56）。身体左转，重心前移，两腕放松，两手随身体先向后再向前划弧（图57）。身体右转，左手向下划弧，右手向外划弧，掌心向上，右脚跟提起后拉，身体转正，两手相合，呈抱球状，面向正东（图58）。

图56

图57

图58

（三）

重心后移至左腿，身体右转，右脚提起后撤，右脚踏实，左脚外蹍，左手前推，右手后拉，同时，身体向右靠出（图59）。身体右转，重心前移，两腕放松，两手随身体先向后再向前划弧（图60）。身体左转，右手向下划弧，掌心向下；左手向外划弧，掌心向上。左脚跟提起后拉，身体转正，两手相合，呈抱球状，面向正东（图61）。

图59

图60

图61

（四）

重心后移至右腿，身体左转，左脚提起后撤，重心后移，左脚跟踏实，右脚外蹍，右手前推，左手后拉，同时，身体向左靠出（图62）。身体左转，重心前移，两腕放松，两手随身体先向后再向前划弧（图63）。身体右转，左手向下划弧，右手向外划弧且掌心向上，右脚跟提起后拉，身体转正，两手相合，呈抱球状，面向正东（图64）。

要求：左右手向外划弧时，一定划至手心向上，手形呈瓦楞状。

用法：当敌从正面抓住我手腕时，我被拿之手松腕外缠，顺势擒敌之手，另一只手下压敌肘；敌后挣时，我撤步，用手掌击打敌面部。

图 62

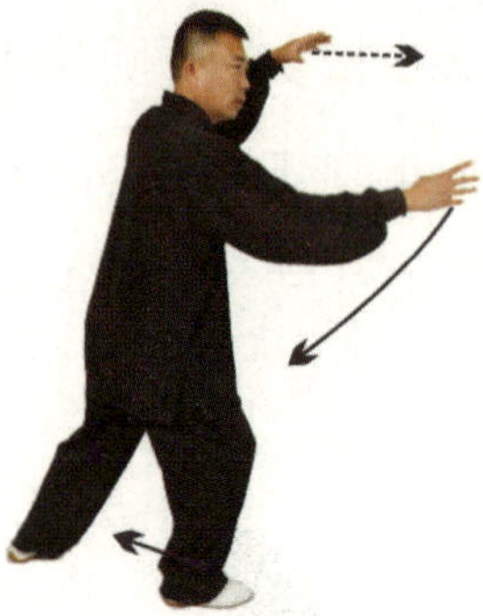
图 63

图 64

第七式　左揽雀尾

掤：

第一动：接上势，身体右转，右脚向后撤步，呈吊马步，右手后拉，左手立掌向前推出（图65）；身体右转，重心左移，左掌内旋后按，右手向右划弧（图66）；身体先左转后右转，收左脚抱球，左手在下、右手在上，左脚收至右脚内侧，前脚掌着地，面向东南（图67）。

第二动：接上势，松右胯，身体左转，两手相合，屈右膝，迈左步，左脚跟着地（图68）。

第三动：重心前移，前脚掌着地，左臂滚动，前掤至胸前，右手向下划弧至小腹前（图69）。

第四动：身体继续左转，重心前移，右脚跟外蹍，手随腰转，屈左臂前掤，掌心向内，右手按至右胯前（图70）。

要求：掤出时，两臂撑圆，屈膝圆裆，前臂滚动掤出。

用法：当敌用右手进攻我胸部时，我左手采敌右手腕，上左步，滚动左臂将敌掤出。

图 65

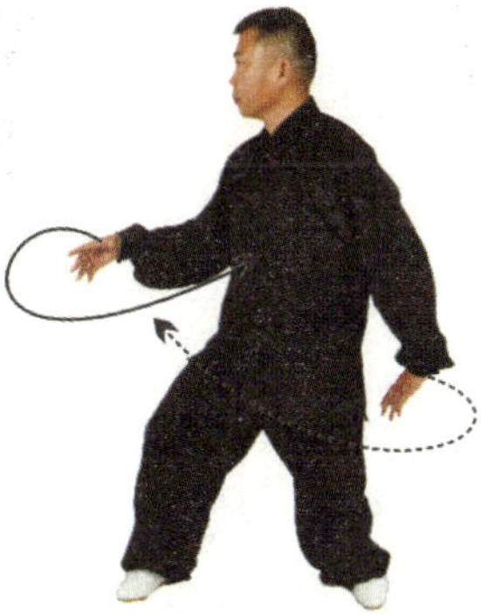

图 66

图 67

图 68

图 69

图 70

捋：

第一动：接上势，身体左转，两手随腰向左前方划圆，两掌心相对，面向东北（图71）。

第二动：身体右转，左手向下、右手先向下再向上划弧，两掌心相对，松左胯，收右胯，重心在右腿，面向正东（图72）。

图 71

图 72

要求：不顶不抗，手随腰动。

用法：当敌拿我之左臂时，敌必后撤，我随敌之力向前送，然后向右转，我右手采敌手腕，左手控制敌肘，右手向上、左手向下划弧，使敌向前栽出。

挤：

第一动：接上势，身体左转，左手向上、右手向下划弧，接手于胸前，右手搭于左手腕上，左掌在外且掌心向内，右掌在内且掌心向外，身体后坐，左脚尖跷起，面向正东（图73）。

第二动：重心前移，左脚踏实，两臂挤出，面向正东（图74）。

图 73

图 74

要求：前挤时，百会上领，右腿绷直，两臂撑圆，腰背后撑，力从根发。

用法：当敌捋我时，我身体左转，利用挤劲将敌向后挤出。

按：

第一动：接上势，腰左转，腰肌打开，两手交叉，掌心向下（图75）；右转，重心前移，腰肌合住，两手打开，两掌心斜向上，重心在右腿（图76）；接着两手先向外再向上划圆，右腿后坐，左脚尖跷起，两手后收落于胸前，两掌心斜向下，面向正东（图77）。

图 75

图 76

图 77

第二动：百会上领，两腿绷直，双手下按于胯前，掌心向下，面向正东（图78）。

第三动：向后松胯，两手先向外再向内划圆置于胸前，两拇指相对，掌心斜向下（图79）；重心前移，左脚踏实，右腿后绷，两掌向前按出，面向正东（图80）。

图 78

图 79

图 80

要求：向前按掌时，力在掌根，百会上领，腰背后撑。

用法：当敌用双手攻击我胸部时，我利用双手划圆，将敌之力化掉，然后双手按敌之胸膛。

第八式　右揽雀尾

掤：

第一动：接上势，身体右转，右手后拉，左手前推，右脚跟提起，脚掌外踝，面向东南（图81）；右脚踏实，身体右转，左脚右转划弧，两手随身体向右划弧，两掌心向外，面向西南（图82）；身体右转，右脚尖跷起外摆，两手经体前划弧，面向西北（图83）；身体右转，松右胯，左手向上、右手向下划弧，右脚踏实，呈抱球状，面向西南（图84）；身体左转，左脚尖跷起外摆，手随腰转（图85）；重心前移，左脚踏实，身体左转，右脚跟至左脚内侧，前脚掌着地，两手随身转，经体前向左划弧，呈抱球状，左手在上、右手在下，面向正南（图86）。

第二动：松左胯，身体右转，两手相合，屈左膝，上右步，右脚跟着地（图87）。

第三动：重心前移，右脚踏实，右臂滚动前掤至胸前，左手向下划弧至小腹前（图88）。

第四动：身体继续右转，重心前移，后脚跟外踝，手随腰转，屈右臂前掤，掌心向内，左手按至左胯前，面向正西（图89）。

要求：掤出时，两臂撑圆，屈膝圆裆，前臂滚动掤出。

用法：当敌用左手进攻我胸部时，我右手采敌左手腕，上右步，右臂滚动将敌掤出。

图81

图82

图83

图84

图85

图86

图 87

图 88

图 89

捋：

第一动：接上势，身体右转，两手随腰向右前方划圆，掌心相对（图90）。

第二动：身体左转，左手向上、右手向下划弧，掌心相对，松左胯，收右胯，重心移至左腿，面向正西（图91）。

图 90

图 91

要求：不顶不抗，手随腰动。

用法：当敌拿我右臂时，敌必后撤，我随敌之力向前送，然后向左转，我左手采敌手腕，右手控制敌肘，左手向上、右手向下划弧，使敌向前栽出。

挤：

第一动：接上势，身体右转，右手向下、左手向上划弧，接手于胸前，左手搭于右手腕上，左掌心向外，右掌心向内，身体后坐，右脚尖跷起（图92）。

第二动：重心前移，右脚踏实，两臂挤出，面向正西（图93）。

图 92

图 93

要求：前挤时，百会上领，左腿绷直，两臂撑圆，腰背后撑，力从根发。

用法：当敌捋我时，我身体右转，利用挤劲将敌向后挤出。

按：

第一动：接上势，腰右转，腰肌打开，两手交叉，掌心向下（图94）；身体左转，重心前移，腰肌合住，两手打开，两掌心斜向上，重心移至左腿（图95）；接着两手先向外再向上划圆，左腿后坐，右脚尖跷起，两手后收，落于胸前，掌心斜向下，面向正西（图96）。

第二动：百会上领，两腿绷直，双手下按至胯前，掌心向下，面向正西（图97）。

第三动：向后松胯，两手先向外再向内划圆置于胸前，两拇指相对，掌心斜向下（图98）；重心前移，右脚踏实，左腿后绷，两掌向前按出，面向正西（图99）。

要求：向前按掌时，力在掌根，百会上领，腰背后撑。

用法：当敌用双手攻击我胸部时，我利用双手划圆，将敌之力化掉，然后双手按敌之胸膛。

图 94

图 95

图 96

图 97

图 98

图 99

第九式　单鞭

第一动：接上势，松胯松腰，左脚跟抬起，腰右转，右手向上、左手向下划弧，两掌心相对，呈抱球状，左脚跟朝南，重心在左，面向正北（图100、附图100）。

第二动：腰左转，重心移至右脚，右手向下、左手向上划弧，左脚外踝135度（图101）；身体左转，重心移至左脚，右脚跟至左脚内侧，左手在上、右手在下抱球，面向东南（图102）。

第三动：松胯松腰，左手下按、右手上提，左手搭于右手腕处，身体右转，右脚向斜前方迈步，脚跟着地（图103）；继续右转，右脚踏实，左手搭于右手腕处，随身体向右划弧（图104）；身体左转，重心左移，两手向左划弧，右掌心斜向外，左掌心向下，然后身体右转，重心右移，左脚跟至右脚内侧，左手搭于右手腕处，右手立掌向西南按出，面向西南（图105）。

第四动：撤左步，右掌变勾手，重心后移至左腿，呈吊马步（图106）。

第五动：腰左后转，后坐，右脚尖内扣；左手向左后方划弧，掌心向内（图107）；身体左转，重心移至右脚，左脚尖跷起外摆，左掌向左划圆变掌心向外（图108）；重心前移，左脚踏实，右手后撑，左掌前按，面向正东（图109）。

要求：立身中正，移动重心时要稳，第五动向前按掌时，百会上领，前后对撑，力从根发。

用法：当敌人从前后进攻我时，我右手叼前面来敌之脉门；其后挣时，我顺势用腕尖击打其。然后身体左转，用掌击按后面来犯之敌。

图 100

附图 100

图 101

图 102

图 103

图 104

图 105

图 106

图 107

图108

图109

第十式　云手

（一）

第一动：接上势，身体左转，重心前移，右脚跟提起外蹍，左手松腕变平掌，掌心向下（图110）；身体右转，重心后移，右脚踏实，右手勾手变掌向上划圆，左手向下划弧，左脚尖内扣；重心右移，面向西南（图111）。

图110

图111

第二动：身体左转，左手向上、右手向下划弧，面向东南（图112）；身体右转，右手向上、左手向下划弧，呈抱球状，收右脚与左脚平行，前脚掌着地，面向正南（图113）。

图 112

图 113

（二）

第一动：接上势，身体右转，右手在上、左手在下经体前划圆，右脚踏实，左脚跟提起（图114）。

第二动：松右胯，迈左步，前脚掌着地（图115）；身体左转，左脚踏实，左手向上、右手向下划弧，右脚跟上，与左脚平行，面向东南（图116）。

图 114

图 115

图 116

（三）

第一动：接上势，身体右转，右脚踏实，右手向上、左手向下经体前划圆，左脚跟提起（图117）。

第二动：松右胯，迈左步，前脚掌着地（图118）；身体左转，左脚踏实，左手向上、右手向下划弧，右脚跟上，与左脚平行，面向东南（图119）。

图 117

图 118

图 119

（四）

第一动：接上势，身体右转，右脚踏实，右手向上、左手向下经体前划圆，左脚跟提起（图120）。

第二动：松右胯，迈左步，前脚掌着地（图121）；身体左转，左脚踏实，左手向上、右手向下划弧，右脚跟上，与左脚平行，面向东南（图122）。

要求：立身中正，手随腰动划立圆，虚实分明。

用法：当敌进攻我时，我利用旋转，用一手将敌之力化掉，另一只手击打敌肘部。

图120

图121

图122

第十一式　单鞭

第一动：接上势，身体右转，右脚踏实，左手向下、右手向上经体前划圆，左脚跟提起（图123）；松右胯，迈左步（图124）；身体左转，左脚尖外摆，收右步，两手经体前划弧，左手在上、右手在下呈抱球状，面向东南（图125）。

图123

图124

图125

第二动：身体右转，左手向下、右手向上划弧，左掌心向下，右掌心向上（图126）；身体左转，左手向上、右手向下划弧，左掌心向上，右掌心向下（图127）；身体先右转后左转，两手交叉，掌心翻转，右手掌心向上，左手掌心向下，左手搭于右手腕上（图128）。

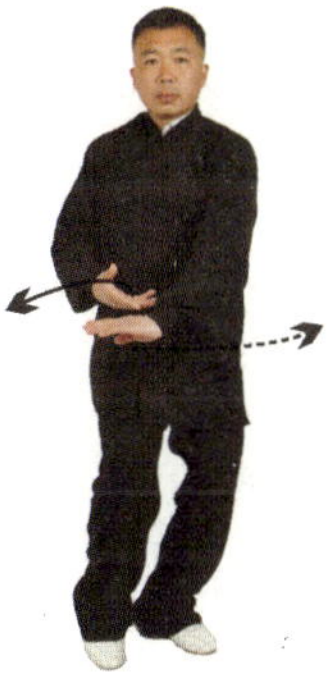

图 126

图 127

图 128

第三动：松左胯，右转腰，右脚向斜前方迈步，脚跟着地（图129）；继续右转，右脚踏实，左手搭于右手腕处，随身体向右划弧（图130）；身体左转，重心左移，两手向左划弧，右掌心向下，左掌心向上，然后身体右转，重心右移，左脚跟至右脚内侧，左手搭于右手腕处，右手立掌向西南按出，面向西南（图131）。

图 129

图 130

图 131

第四动：撤左步，右掌变勾手，重心后移至左腿，呈吊马步（图132）。

第五动：腰左后转，后坐，左手向左后方划弧，右脚尖内扣（图133）；身体右转，重心移至右脚，左脚尖跷起外摆（图134）；重心前移，左脚踏实，右手后撑，左掌前按，面向正东（图135）。

要求：立身中正，移动重心时要稳，第五动向前按掌时，百会上领，前后对撑，力从根发。

用法：当敌人从前后进攻我时，我右手叼前面来敌之脉门，敌后挣时，我顺势用腕尖击打敌人，然后身体左转，用掌击按后面来犯之敌。

图 132

图 133

图 134

图 135

第十二式　高探马

第一动：接上势，重心前移，右脚跟提起，松左腕，左手前按（图136）；身体右转，右脚跟半步，右手变掌，两掌同时外旋，两掌心向外，左手前插，右手后撑（图137）。

第二动：身体右转，重心后移，右脚跟着地，右手向斜上方插掌，掌心向上，左手后撑（图138）；身体左转，右手向上划弧，左手外旋，掌心向上（图139）；身体左转，左手后拉至小腹前，右手向前推出，左掌心向上，右掌心向前，左脚后拉半步，呈虚步，面向正东（图140）。

图136

图137

图138

图139

图140

要求：松胯松腰，立身中正协调。

用法：当敌前后进攻我时，我先用左手插前面来敌之咽喉，然后转身后坐，用右手插后面来敌之眼睛。

第十三式　右蹬脚

第一动：接上势，身体右转，两手同时向外划圆，左手掌心向上，右手掌心向下（图141）；身体左转，左手内旋，右手外旋，旋至胸前，两手交叉相合，同时左脚提起后收，面向东南（图142）。

第二动：左脚向前迈步，脚跟着地（图143）；重心前移，左脚踏实，右脚跟步，右脚前脚掌着地，面向东南（图144）。

第三动：身体右转，右脚踏实，重心在右，两手向外划弧，两掌心向下（图145）；身体左转，重心左移，两手掌内旋，交叉于胸前，两掌心向内（图146）。

第四动：左腿站立，右膝提起，两手交叉举过头顶（图147）；两手向下划弧分开，掌心向外，同时右脚向前蹬出，面向东南（图148）。

图141

图142

图143

图 144

图 145

图 146

图 147

图 148

要求：蹬脚时，左腿一定站直，不要弯曲，右肘与右膝相合，百会上领。

用法：当敌用腿向我进攻时，我用双手抱敌之腿上举，然后用右脚蹬踹敌另一站立之腿。

第十四式　双峰贯耳

第一动：接上势，屈左膝，松胯，两手掌内旋变拳向下划弧，收回腰间，拳心向上，右腿收回，自然下垂（图149）；继续屈左膝，右脚于斜前方落地，右脚跟着地（图150）。

第二动：重心前移，右脚踏实，两拳同时向斜上方划弧掼出，拳心向外，面向东南（图151）。

要求：收脚时，脚尖自然下垂，掼拳时，与头同高，拳眼相对，迈步时要松胯松腰。

用法：当敌从正面进攻我时，我两臂外旋，将敌力化掉，然后用双拳击打敌耳门。

图149

图150

图151

第十五式　转身左蹬脚

第一动：接上势，重心后移，双拳外分变掌，右脚尖跷起（图152）；身体左转，右脚尖内扣，重心移至右腿，两手随身体向左转（图153）；身体继续左转，两手向下划弧，小腹前两腕交叉，掌心向内；重心先移至左腿，后移至右腿（图154、附图154）。

第二动：右腿站立，左腿提膝，两手交叉举过头顶（图155）；两手向下划弧分开至与肩平，掌心向外，同时左腿向前蹬出，面向西北（图156）。

图152

图153

图154

附图154

图155

图156

要求：蹬脚时，右腿一定站直，不要弯曲；左肘与左膝相合，百会上领。

用法：当敌用腿向我进攻时，我用双手抱敌之腿上举，然后用左脚蹬踹敌站立之腿。

第十六式　左下势独立

第一动：接上势，屈右膝，松右胯，两手臂内旋，合于胸前，两手背相对，掌心向外（图157）；腰右转，撤左步，右掌变勾手向上划弧上撩，左手向下划弧；面向东北（图158）。

第二动：右腿下蹲，身体左转，呈左仆步，左手经裆部从左腿里侧穿掌，右勾手向下划弧至背后，勾尖向上（图159）；重心前移，左脚尖外摆，右脚尖内扣，呈左弓步，左手向上划弧，掌心向右，右手勾手至背后（图160）；身体先右转，再左转，提右膝，左手下按至胯旁，掌心向下，右手向上划弧，勾手变掌，掌心向前，面向正西（图161）。

要求：下势时立身要正，切忌弯腰突臀。

用法：下势时后勾手击打敌小腹，前穿掌击打敌脚踝。

独立时一手采敌之手，另一只手勾手击打敌小腹或向上打敌下巴。

图 157

图 158

图 159

图 160

图 161

第十七式　右下势独立

第一动：接上势，身体左转，右手向左下方划弧至胸前，掌心向左，右脚落地，脚尖朝南方向（图162）；重心移至右脚，左脚尖外踱，调整至与右脚平行（图163）；腰左转，撤右步，左掌变勾手，向上划弧至与肩平；右手向下划弧，掌心向下；面向东南（图164）。

图 162

图 163

图 164

第二动：左腿下蹲，身体右转，呈右仆步；右手经裆部从右腿里侧穿掌，左勾手向下划弧至背后，勾尖向上（图165）；重心前移，右脚尖外摆，左脚尖内扣，右掌向上划弧呈立掌，掌心向左，左手勾手至背后（图166）；身体先左转，后右转，提左膝，右手下按至胯旁，左手向上划弧，勾手变掌，面向正西（图167）。

要求：同左下势独立。

用法：同左下势独立。

图 165

图 166

图 167

第十八式　左右穿梭

左：

第一动：接上势，屈右膝，松右胯，身体左转，左脚跟着地（图168）；重心前移，左脚踏实，身体先右转后左转，右脚跟至左脚内侧。右手向下划弧，掌心向下；左手向上划弧至右耳旁，掌心向外（图169）。

图 168

图 169

第二动：身体右转，上右步，右脚跟着地（图170）；身体继续右转，重心前移，右脚踏实，呈右弓步，同时右手向上划弧至头侧且掌心向前，左手向前推出且掌心向前，面向西北（图171）。

要求：转动时，要屈膝松胯，弓步架推时，右臂要滚动上掤，左手向斜上方推出时，要力从根发。

用法：当敌向我进攻时，我上步用右臂滚动上掤，将敌之力化掉，左手顺势将敌击出。

图170

图171

右：

第一动：接上势，身体左转，左脚尖外踾，重心后移（图172）；身体左后转，重心移至右腿，两手向左后方划弧，两掌心相对；面向东南（图173）。

第二动：身体先左后转，后左前转，重心先移至左腿，后移至右腿；两手同时甩出，左手掌心向上，右手掌心向下，面向正东（图174）。

第三动：身体右转，重心移至左脚，右脚尖外摆135度，两手随身体向右划弧（图175）；重心前移，右脚踏实，身体右转，左腿跟至右脚内侧；两手划弧呈抱球状，右手在上、左手在下，面向正北（图176、附图176）。

第四动：左转腰上步，左脚跟着地（图177）；身体继续左转，重心前移，左脚踏实，呈左弓步；同时左手向上划弧，掌心斜向上，右手向前推出，掌心向前，面向西南（图178）。

要求：转动时，要屈膝松胯，弓步架推时，左臂要滚动上掤，右手斜向上推出时，要力从根发。

用法：当敌向我进攻时，我上步用左臂滚动上掤，将敌之力化掉，右手顺势将敌击出。

图 172

图 173

图 174

图 175

图 176

附图 176

图 177

图 178

第十九式　海底针

第一动：接上势，身体右转，右脚跟半步，前脚掌着地，左手向下划弧，掌心向左，右手松腕变平掌，掌心向前（图179）；身体右转，右脚踏实，左手经体前向右划弧，右手斜插至右耳旁，掌心向内，左脚跟提起（图180）；身体右转，左手向左划弧，经右膝至左胯旁，掌心向后，右手斜向下插掌，掌心向内，面向正西（图181）。

图 179

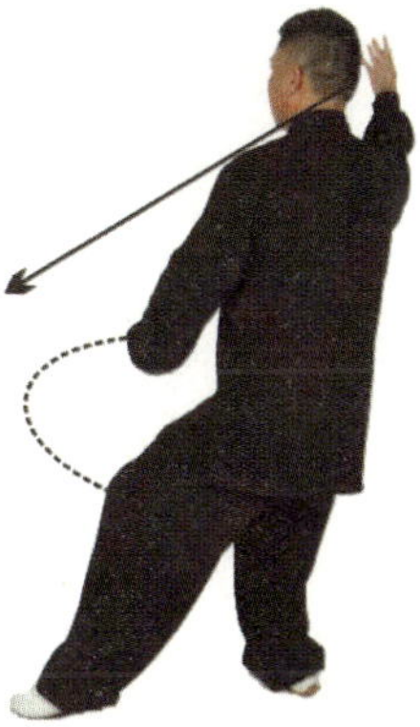

图 180

图 181

要求：松胯下沉，转动时要协调，下插时目视斜前方，重心在后，切忌弯腰低头。

用法：当敌从正面向我进攻时，我用左手划弧，将敌力化掉，用右手斜插敌裆部。

第二十式　闪通臂

第一动：接上势，身体右转，上左步，脚跟着地，两手经体前向上划弧，相合至斜上方，左手搭于右手腕上，面向正西（图182）。

第二动：重心前移，左脚踏实，右脚后蹬，呈左弓步，左手向前推出，掌心向前，右手向后划弧并后撑，掌心向外，面向正西（图183）。

图 182

图 183

要求：眼随手动，目视前方，前脚踏实时，脚掌下采，两臂撑圆。

用法：接海底针式，敌后撤时，我上步，用左手击打敌面部。

第二十一式　转身搬拦捶

第一动：接上势，重心后移，身体右转，左脚尖内扣；两手随腰右转至正东（图184）；身体右转，两手下捋，掌心相对（图185）；身体右转，左手向上、右手向下划弧，右脚后收，左手至胸前，掌心向下，右手至裆前变拳，拳心向外，面向东南（图186）。

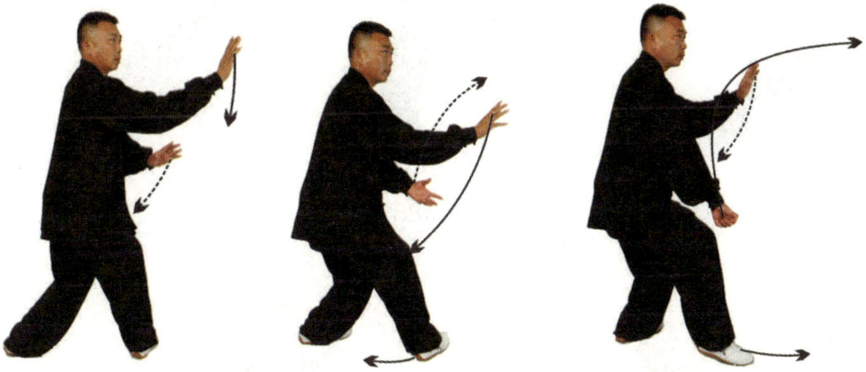

图 184　　图 185　　图 186

第二动：身体先左转后右转，左手由上向下划弧至胯前，掌心向下，右手由下向上划弧，同时右腿提起，向前迈步，脚跟着地；右手搬至正前方，拳心向内，与肩同高，面向正东（图187）。

第三动：重心前移，右脚踏实（图188）。

第四动：身体左转，重心向左移，右脚尖跷起（图189）；身向右转，重心前移，右脚尖外摆，右拳变掌，掌心向上，左手后撑，掌心向后（图190）；身体右转，右手顺时针方向向外划平圆后向下划弧，变拳至腰间，拳心向上，左手先向外再向前划弧至前方，掌心向外，左脚跟至右脚内侧，重心在右，面向东南（图191）。

第五动：身体左转，迈左步，脚跟着地，左手随身外拦（图192）；身体左转，重心前移，左脚踏实，右拳打出，拳眼向上，左手合于右腕内侧，掌心向下；面向正东（图193）。

图 187

图 188

图 189

图 190

图 191

图 192

图 193

要求：以腰带动四肢，周身协调。

用法：当敌进攻我面部时，我用左手下压敌手，上右步，右拳由上向下击打敌头顶或面部；敌后撤时，我上左步，左手拦，右手用拳将敌打出。

第二十二式　如封似闭

第一动：接上势，身体右转，右拳向下收至胸前；左手掌外缘经右手向外打开，搭于右腕；掌心向下（图194）。

第二动：身体左转，两手外缠交叉相合，两掌心向内，左手在外，右手在内（图195）。

第三动：身体右转，两手内缠，右手腕尖打出，左手搭于右手小臂处（图196）。

图 194

图 195

图 196

第四动：左转，两手内合交叉，掌心向下（图197）。

第五动：右转，重心后移，左脚尖跷起，两手向外划弧打开，掌心相对（图198）。

第六动：身体左转，重心后移，两手下按（图199）。

第七动：向后松胯松腰，两手先向外再向内划圆，拇指相对，两掌心斜相对（图200）；接着两掌向斜前方按出，左脚踏实，右腿后绷，呈右弓步；面向正东（图201）。

要求：以腰为轴，周身相随，力从根发。

用法：当敌从正面进攻我时，我利用如封似闭，将敌之力化掉，然后将敌按出。

图 197

图 198

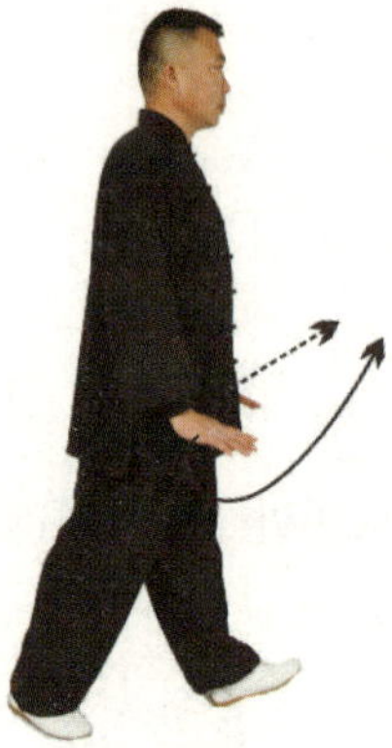

图 199

图 200

图 201

第二十三式　十字手

第一动：接上势，身体右转，左手前推，右手后拉（图202）。

第二动：身体右转，重心右移，左脚尖内扣，左手前推（图203）；右手向右划弧，左手外撑，两掌心向下，右脚尖外摆45度，呈右弓步（图204）。

第三动：松胯屈膝，左转，右脚尖内扣，两臂向内划弧交叉于胸前，左手在内、右手在外，掌心向内（图205）；身体左转，收右脚，两脚与肩同宽，身体右转，面向正南（图206）。

要求：立身中正，切忌弯腰低头。

用法：当敌从侧面向我进攻时，我右转将敌之力化掉，然后用两臂抱住敌腿，将敌抛出。

图 202

图 203

图 204

图 205

图 206

第二十四式　收势

第一动：接上势，身体右转，重心左移，两手旋转外掤至右肩前，掌心向外（图207）。

第二动：身体左转，重心左移，两手下采至小腹前，掌心向下（图208）。

第三动：身体左转，重心右移，手随腰动（图209）；身体右转，重心左移，手随腰动（图210）；身体左转收左脚，与右脚平行站立，两手外贴于两胯旁，面向正南，目视前方（图211）。

图 207

图 208

图 209

图 210

图 211

要求：转动时，松胯松腰，身体下沉。

用法：当敌从正面进攻我时，我身体先向右转，两手外挪将敌之力化掉，然后身体左转，左手控制敌之肘，右手下采敌手腕，左手上提，将敌摔倒。

传统太极拳技击技巧

一　起势
二　左掤势
三　懒扎衣
四　揽雀尾
五　单鞭
六　左、右伏虎势
七　提手上势
八　白鹤亮翅
九　左搂膝拗步
十　手挥琵琶
十一　上步擒打
十二　右绷腿
十三　进步搬拦捶
十四　如封似闭
十五　十字手
十六　抱虎归山
十七　回身右推掌
十八　马步推掌
十九　左推掌
二十　下切掌
二十一　前后插掌
二十二　肘底看捶
二十三　倒撵猴
二十四　斜飞势
二十五　海底针
二十六　闪通臂
二十七　撇身捶
二十八　云手
二十九　高探马
三十　左、右分脚

一　起势

（1）当对方（为余勇演示，后同）紧紧抓住我（由卫德安演示，后同）双腕和小臂下压时（图1），我顺势沉肩松胯，松腰，卸掉对方之力，同时力发于跟，掤腿、提髋、紧腰，双臂向前向上划弧掤出，使之向后倾倒（图2）。

（2）当对方迎面向我扑来，抓住我双肩时（图3），我用双臂及双手向前划弧托住对方双肘或双臂，将对方向后掀起（图4），同时下沉上步，随之用双掌发力，猛按对方胸部使之向后跌出（图5）。

（3）当对方握住我双腕或抓住我双肩时（图6），我即松腰沉髋、沉肩坠肘，两掌和两小臂向斜上方划弧，化解来力，破坏其重心，使之身体后仰（图7），力量落空，然后我两手立即先向下再向内划弧，上步的同时，两手向对方胸部按出，以脚跟、腿、腰之力将对方送出（图8）。

（4）对方双手按住我胸部时（图9），我即利用两腿后撑，上下对拉劲，用力往下采对方双手，使之向前倾倒（图10）。

图 1

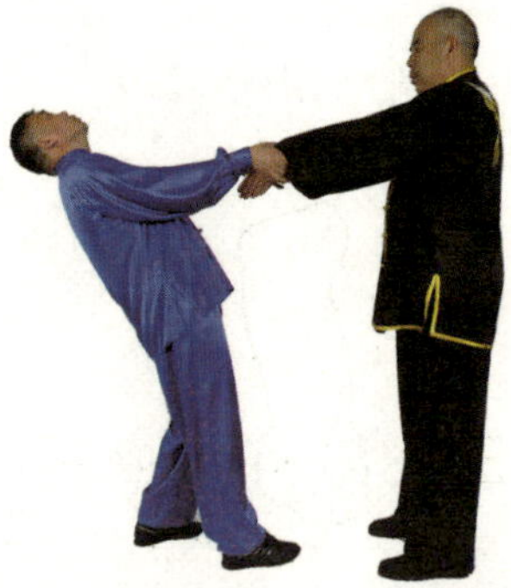

图 2

图 3

图 4

图 5

图 6

图 7

图 8

图 9

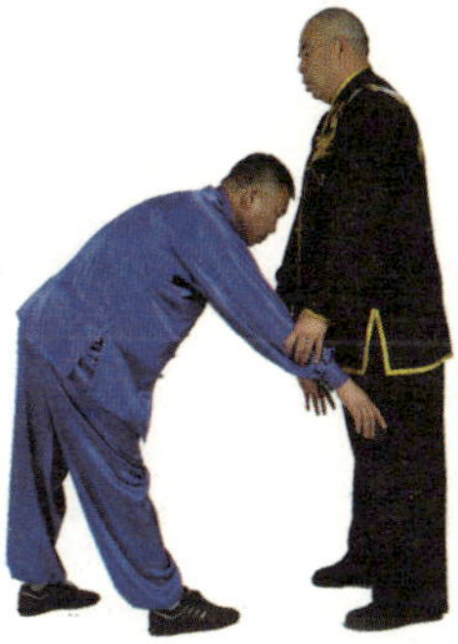
图 10

二　左掤势

当对方用右拳击我胸部时，我顺势用右手采住对方之右手腕，同时下拉，上左步，左臂呈弧形向上旋转，掤击对方胸部及肋部（图11），然后上掤使对方跌倒（图12）。

图 11

图 12

三　懒扎衣

（1）当对方拉住我左臂不让我掤时（图13），我即迅速向左转腰沉髋，收左臂，右臂同时往上划弧，用腕尖击打对方裆部及小腹部（图14）。

（2）当对方用右拳向我胸部打来时，我用右手采住对方右腕脉门，左手托住对方关节（图15），腰右转使对方向我右后方摔出（图16）。

（3）对方用力后撑，不让我向右后方捌时，我即顺势利用对方之力，往左转腰，左手往上托对方手臂，右手下压对方手腕（图17），同时转身上步，向前按出使之跌倒（图18）。

图 13

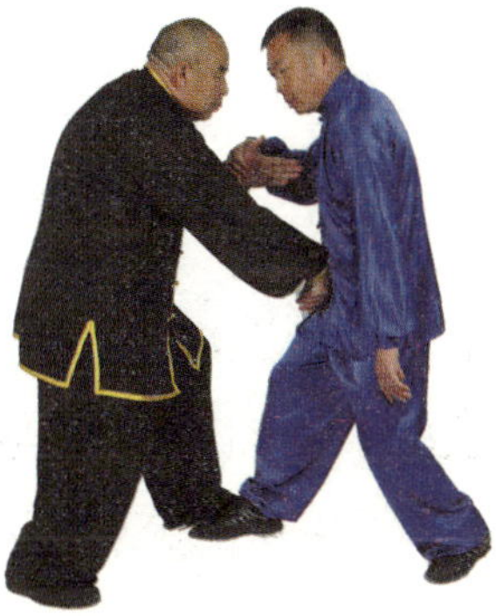

图 14

图 15

图 16

图 17

图 18

四 揽雀尾

（1）当对方用左手进攻我胸部时（图19），我用右手采住对方手腕脉门处下拉，同时上步，用腿踩踏对方脚面（或将腿伸到对方身后），右臂呈弧形上旋掤击对方胸部及软肋（图20），然后上掤，使对方跌倒（图21）。

（2）当对方被我拿住左臂时，必然会后撑（图22），我随对方后撑之力往右划弧前送，化解其后撑劲（图23），然后左转，左手采住对方手腕脉门处内旋，右手（小臂）控制对方左肘（臂）根处，左手向上压、右手向下压使敌向前栽出（图24）。

图19

图20

图21

图22

图23

图24

（3）当对方不愿意前栽而使劲往后撑时，我则左手上抬，右手下压其肘部，用单折手将其制服（图25）。

（4）当对方捋我右手时（图26），我身体右转，利用挤劲将对方向后挤出（图27）。

（5）当对方双手攻击我胸部时（图28），我利用两臂划圆，腰背后撑，将其来力化掉（图29），然后将对方按出（图30）。

（6）当对方双手推我时，我两手紧贴对方手臂内侧往外向斜上方划弧（图31），同时双掌向对方胸前按出（图32）。

图25

图26

图 27

图 28

图 29

图 30

图 31

图 32

五　单鞭

（1）单鞭的左右旋转：当对方从右边向我进攻时，我则往右划弧，右手按住其右腕，左手击打其右肘，使之失去抵抗能力，反之，则动作相反（图33）。

（2）单鞭的按掌：当对方拿住我右手时（图34），我即向右旋转翻腕，用肘击打对方胸部（图35）。

（3）单鞭的勾手：粘住对方手臂后（图36），我往后勾手拉对方之小臂（图37），对方往后撑时我随即以腕骨或五指撮拢击打对方胸部及喉部（图38）。

图 33

图 34

图 35

图 36

图 37

图 38

（4）当对方从后方击打我头部时（图39），我立即转腰松胯，用左手做刀背横击来拳小臂（图40），或踩踏对方脚面，并左掌发劲按其胸乳（图41）。

图 39

图 40

图 41

六　左、右伏虎势

（1）当对方左手向我进攻时（图42），我即左转以左手采其左腕，右小臂旋转砸其肩膀或肘部，同时左手上抬使其肩膀或肘部脱臼（图43）。

（2）当对方右手向我进攻时，我则动作方向相反。

图 42

图 43

七　提手上势

接上势，当对方往后撑时，我即下沉，往左转身，左手擒住其腕和左肘（或左肩往下捋对方，图44），对方继续往后用力时，我即顺势松手，同时提膝蹬脚将其击倒（图45）。

图 44

图 45

八　白鹤亮翅

（1）当对方用右手向我进攻时（图46），我随即右脚落地，右手擒其右腕，左手控制住其左肘，腰往右转将其捌出（图47）。

（2）反之，则动作相反。

（3）当对方从正面进攻我时（图48），我即松胯拧腰向前跟半步，用右掌下按其小腹（图49），接着左手擒其右手腕，右手用力击打其右肘部，同时脚跟后坐，用反关节将其捌出（图50）。

图46

图47

图48

图49

图50

九　左搂膝拗步

（1）当对方用腿攻击我膝部时，我一手搂开对方进攻之腿（图51），同时上步插于对方腿后或踩踏对方一脚，另一手中指尖点向其喉部，掌根向其胸窝处发劲（图52）。

图 51

图 52

（2）当对方一手拉住我下按之手时（图53），我随即松胯下沉，被抓之手往上划弧，然后随身体下沉，反制对方之手指（图54）。

图 53

图 54

（3）当对方从左右向我进攻时，我松胯下沉，同时身体右转，掤左腿，两腕尖一击打其胸膛（图55），一击打其小腹（图56）。

图 55

图 56

（4）接上势，当对方从正面用左拳向我进攻时，我左手擒住其手腕，右手擒其手肘，左右手相合（图57），在左后方转身将其掷出（图58）。反之，则动作相反。

图 57

图 58

十　手挥琵琶

当对方拉住我右手往后拽时（图59），我即向左转，松右胯，向前跟半步，将其来力化掉（图60），然后顺势拿住其手右转，左手自下而上击打其肘（图61），接着两手相合，左转将其送出（图62）。

图 59

图 60

图 61

图 62

十一　上步擒打

当对方用左拳向我击来时（图63），我用左手擒住其手腕（图64），内旋并迅速上步，左转并用右小臂击打其肘部（图65）。

图 63

图 64

图 65

十二　右绷腿

接上势，当对方后撑时，我即上右步，插向其两腿前，同时右臂缠其手臂，右手搭在其右肩处（图66），身体先左转再右转，顺势挪腿将其摔出（图67）。

图 66

图 67

十三　进步搬拦捶

（1）当对方用右拳从右后击打我头部时（图68），我即用右拳搬在其小臂中段，乘势下压，用拳肘击打其头顶或面部（图69）。

图68

图69

（2）当对敌方用右拳击打我胸部时，我腰微右转，右拳外旋，虎口斜向右前上方，以尺骨用刚猛脆劲拦其小臂中段，并乘势削下拿其脉门（图70）；当其再用右手攻我左肋时，我上左步用左手拦其手（图71），同时上步，用右拳击打其胸部（图72）。

图70

图71

图72

十四　如封似闭

（1）当对方抓住我右手时（图73），我右转，左手贴右手外沿将其手打掉（图74）；当对方拳击我胸部时，我右手合其手腕，左手合其肘关节（图75），然后双手内旋，用手腕尖击打其胸部（图76）。

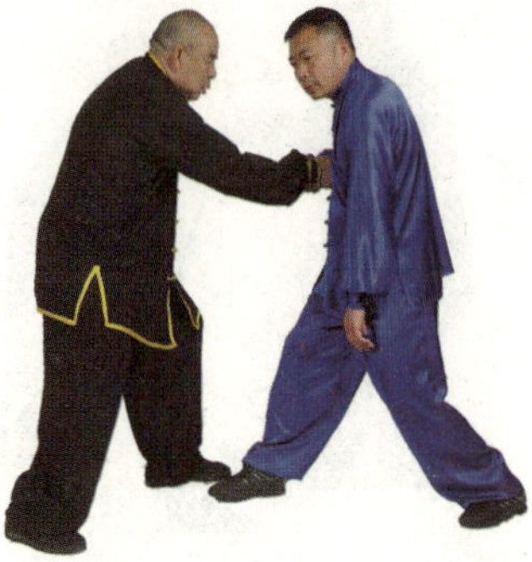

图73

图74

图75

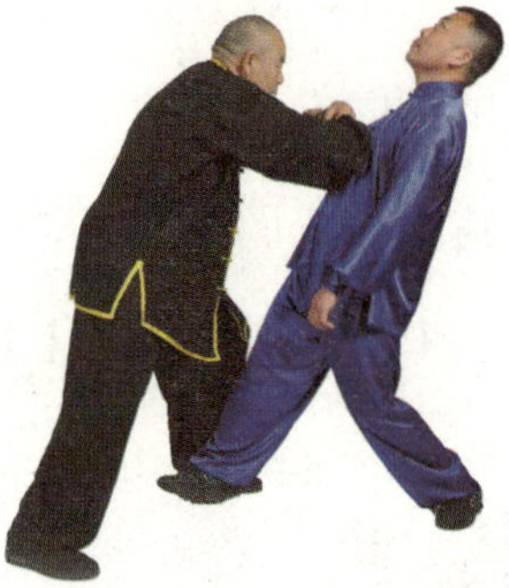

图76

（2）当对方双手合我双肘时（图77），我双臂先向里合然后向斜上方划弧，化掉其两手合力（图78），然后双手内旋按其胸部将其掷出（图79）。

图77

图78

图79

十五　十字手

（1）当对方从侧面向我进攻时，我即左脚尖内扣套其右前足跟，腰右转，左掌按住其右大腿根处，右手拿住其右手腕脉门处（图80）。

（2）我左掌迅速发力下按，同时左膝关节内扣，腰右转，右手内旋下拉，使其向我左前方跌出（图81）。

（3）当对方用脚从侧面向我踢来时，我左脚尖内扣，腰右转，然后双手合抱其腿，将其抛出（图82）。

图 80

图 81

图 82

（4）当对方用拳击我上部时，我双手交叉接住来拳（图83），挡劲下沉，双手向前发力使其向后跌出（图84）。

图 83

图 84

十六　抱虎归山

（1）当对方用右拳击打我上中部时，我双手交叉沾粘来拳，同时右手采拿对方右腕，转身向其右下方采，左手下压其肘部，同时击打其面部及头部（图85）。

（2）当对方用左拳击打我上中部时，我则侧身，以左手采住左腕，腰左转，以右手小臂或掌根击打其颈椎处，使其向前跌出（图86）。

图85

图86

（3）当对方用左拳向我上中部进攻时，我则腰左转，左手拿住其左腕下采（图87），同时右腿前伸插在其裆部，腰左转，掤右腿，拧右足，右手搂住其头部，使其向我斜前方跌倒（图88）。

图87

图88

（4）当对方用左手从右侧后方向我头部进攻时，我腰立即向右后转，用左手采住其左手腕，右臂往上划弧，挎住其左臂根处（图89），同时掤腿拧腰，使其向前跌倒（图90）。

图 89

图 90

十七　回身右推掌

当对方从左后方用左手向我中部进攻时，我迅速左转，左脚外踝，右脚尖内扣，左转上步，同时左手拿住其左手背，右手掌根击打其肋部（图91）。

图 91

十八　马步推掌

当对方前后夹击我时，我向前推掌攻击前面来敌（图92），向后击肘攻击后面来敌（图93）。

图 92

图 93

十九　左推掌

当对方从右侧向我进攻时，我右转，右手将其外掤，左手立掌击打其胸腹部（图94）。

图 94

二十　下切掌

当对方用脚从左侧向我踢来时，我即用右手下切其脚脖处（图95）。

图 95

二十一　前后插掌

当敌前后夹击我时，我即用右手后插正面来敌之眼（图96），然后转身用左手插后方来敌之咽喉（图97）。

图 96

图 97

二十二　肘底看捶

（1）我左手翻掌，由上而下经面前抓打对方前胸（图98），右掌随着由上往下划弧，抓打而下（图99），左掌则自下而上经右小臂里侧穿出，双手连环划圆连抓带打（图100）。

（2）当左掌上穿击打对方面部时，我右拳已伏在左肘下，对方右手格挡我左手时，我左手向左拦开其右手，右手同时自肘下进击其胸、腹、肋部（图101）。

图98

图99

图100

图101

二十三　倒撵猴

（1）当对方拿住我左手腕时，我即松腕前移，然后翻腕用缠丝劲反关节拿住其手腕（图102），右手由上往下划弧，压其手肘，并同时击打其面部（图103）。

图 102

图 103

（2）当对方从后方向我进攻时，我用后靠击打其（图104）。

图 104

（3）当对方连续向我进攻时，我则边退边打。我化中有打，退时前足走弧形向后左（右）退步，左（右）手打击其腕或肘（图105、图106），左（右）掌同时击打其胸部、面部，边打边退，左（右）连环，且抓且打，使其防不胜防。

图 105

图 106

二十四　斜飞势

当对方从正面向我进攻时，我左手采其左手腕，微左转，右手击打其右肘，同时上右步，扣住其左腿（足）外侧，然后迅速下沉，重心前移，左手下采，右臂紧贴住其胸部（图107），向右前方发力，随后肘击肩靠，使其向右斜前方飞出。

图 107

二十五　海底针

（1）当对方从前方往后拉我右手时，我左转右手前送化掉其力，然后右转跟半步（图108），划弧往里（下）引进，右手缠拿其右腕，左臂抱其右腕，身体下沉用腰腿之力，两手用力下采使其向前下倾跌（图109）。

（2）对方往后撑时，我乘势以左手击打其面部，其必后仰（图110），同时我左脚上步套住其前足后跟处，左手下捋，搂起其前腿，右手猛击其胸部，使其向后摔出（图111）。

图 108

图 109

图 110

图 111

（3）当敌从前后进攻我时，我身体右转，向后划弧击打后方来犯之敌（图112），接着身体左转，左手向左下方划弧，搂其右腿，右手下击前敌裆部或小腹（图113）。

图 112

图 113

（4）我两手下采，对方往后撑时，我迅速右转，右手往内缠，左手砸其右肘或后脑，使其失去抵抗力（图114）。

图 114

二十六　闪通臂

（1）接上势，对方后退时，我即上步，击打其面部（图115）。

（2）当对方迅速抬起身体时，我乘势以右手抬起其右臂，左足往前勾住其右足，呈左弓步，左掌向其胸肋部猛力按出，将其掷出（图116）。

图 115

图 116

（3）当对方用力后撤时，我左手上提其右臂，同时上右步，右手插入其裆部，扛起其后起身向左后转，将其掷出（图117）。

图 117

二十七　撇身捶

（1）当对方从后面进攻我时，我立即转身，左脚尖内扣，提右脚，右手尺骨向后用寸劲横截，化解打来之拳（图118），然后提右膝上步，用右拳击打其面部（图119）。

（2）接上势，我手顺势下滑粘住其右手腕处下采（图120），同时迅速右转身，上左步，击打其肋骨处，或用掌砍击其颈椎和后脑处（图121）。

图 118

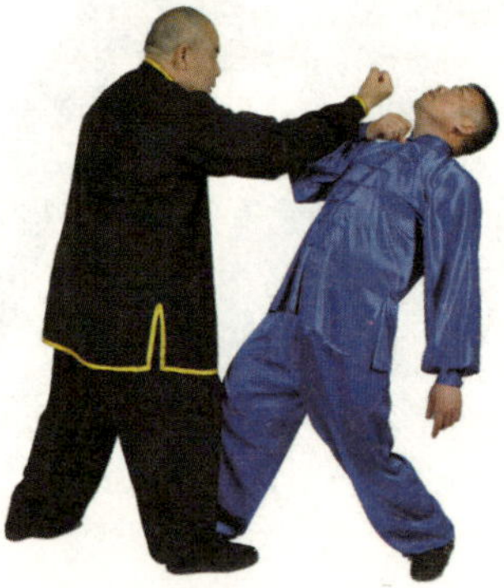

图 119

图 120

图 121

二十八　云手

（1）当对方用右拳向我进攻时，我右手由下而上划弧粘其右手腕，腰右转，上左步，控制其右前足，左小臂控制其肘关节并向右后方急捋其右小臂，使其前倾跌倒（图122）。

（2）接上势，当对方往后撑时，我则马上左转身，用左手击打其面部（图123），用右手击打其胸腹部。

图 122

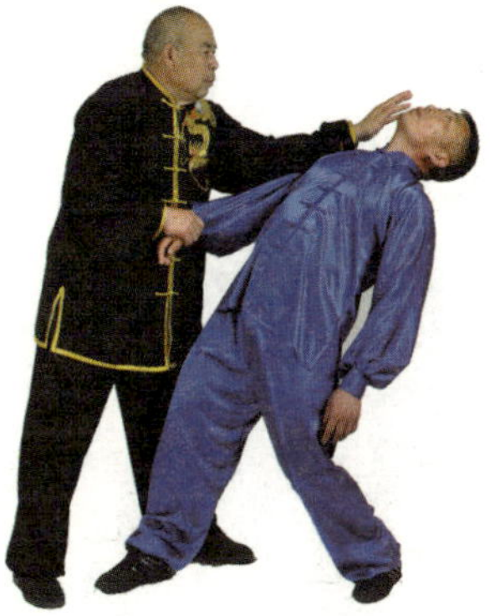

图 123

二十九　高探马

（1）当敌从前后进攻我时，我先左转向前翻掌前探，用左手插前面来敌之咽喉（图124），然后转身后坐，用右手插后面来敌之眼睛（图125）。

（2）当对方从正面向我进攻时，我左手缠住其手腕，向左下采，用右掌击打其面部（图126），然后用右手按其后脑部，左手抄住其下颌，身往左转，同时右手往里拉，左手往外推转，使其翻身倒地（图127）。

图124

图125

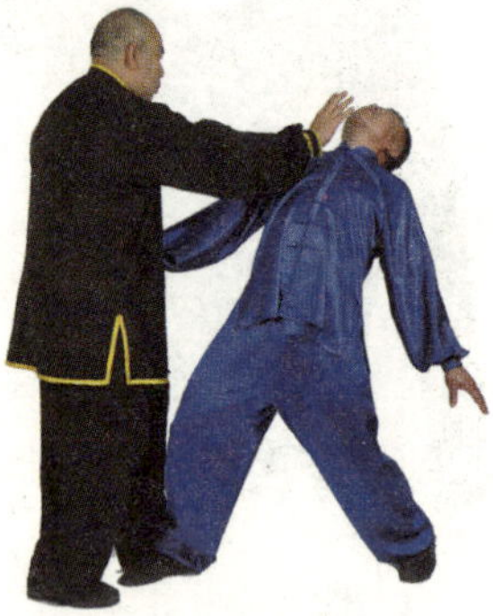

图126

图127

三十　左、右分脚

（1）接上势，如果对方用左手进攻我，我即用左手拿住其左腕外旋，使其左手肘上翻，用右小臂或右手砸其左肘或大臂使其跌倒（图128）。

（2）当对方往上抬肘反抗时，我便利用其反力，用右手上挒其左臂，使其露出腰部，我同时起右脚踢其腰部或裆部（图129）。

（3）反之，则动作相反。

图 128

图 129

三十一　进步推掌

当我分脚，腿被对方抱住时（图130），我即迅速往下钩回，使对方前倾，乘其抽回时，我即向前，插其裆并弓膝撞之，并同时跟步，用小臂猛按发劲，使其跌出（图131）。

图 130

图 131

三十二　转身左蹬脚

（1）当对方从后面用右拳向我进攻时（图132），我即迅速后转，用左手拦开其右手，然后起左脚蹬其小腿胫骨或膝关节，使其无力反抗（图133）。

（2）当对方从后面用右脚向我进攻击时（图134），我立即后转，用左手拦开其攻击之腿，起左脚蹬向其裆部（或小腹部），使其失去抵抗能力（图135）。

图 132

图 133

图 134

图 135

三十三　进步栽捶

（1）当对方用右拳向我腰部进攻时，我用左手将其右手拦开，然后右拳迅速下栽，用爆发力去击打其小腹部（或裆部）（图136）。

（2）当对方下抱我腿时，我即松胯，裆劲下沉，左手向下搂，护住裆（或腿），右拳猛击其头部（图137），或下栽其裆部（图138）。

（3）我如将对方蹬倒在地，便连步赶上，一脚踏其胸（腹），一拳下击其上仰之任意一处（图139）。

图 136

图 137

图 138

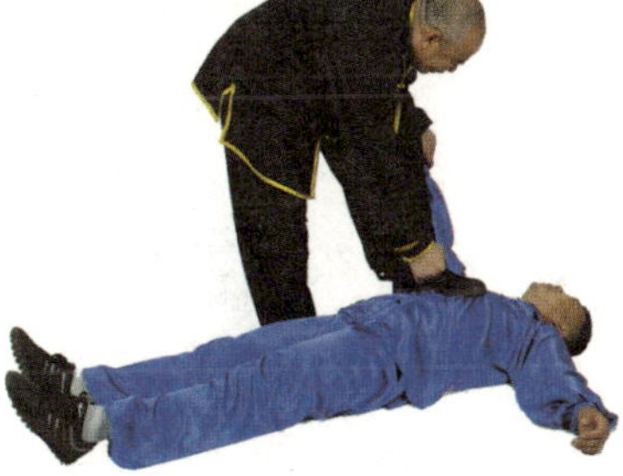

图 139

三十四　掩手肱捶

（1）当对方拿住我右手臂往下拧时（图140），我即沉髋拧腰，手臂内旋，右拳迅猛击打其胸（或腹）部（图141）。

（2）当对方从正面向我进攻时，我用一手（臂）化掉其进攻之手，并立即松腰沉髋，拧腰用拳击打其胸（或腹）部（图142）。

图 140

图 141

图 142

三十五　右、左蹬脚

（1）当对方用脚向我进攻时，我用臂手抱住其来犯之腿，用一脚猛蹬其大腿根处（或膝盖处）（图143），同时抱其腿之臂猛然向前送出，使其摔出（图144）。

（2）当对方双手向我进攻时，我用双手拨开对方的进攻，同时用脚蹬踹对方使其跌倒（图145）。

图 143

图 144

图 145

三十六　左、右打虎势

（1）当对方从左侧向我进攻时，我则左转盖步，左手由上往下划弧，并用左手顺势缠住其进攻之手，右手由下往上划弧，插至其臂弯处，左手下压、右手外旋后下压其肘（图146），或向上击打其下颚处（图147）。

（2）接上势，当对方从身后向我进攻时，我立即转身，左手由下往上划弧击打其太阳穴，右手击打其胸肋部（图148）。

（3）右打虎势动作与左打虎势相同，方向则相反。

图 146

图 147

图 148

三十七　双峰贯耳

（1）当对方从正面用双手推我胸部，并用头部向我撞击时，我即松胯松腰，后坐下沉缓解来力，双手向内下急拍其后脑，同时提膝向上猛撞其面部（图149）。

（2）接上势，对方往后逃避时，我立即前腿落地，两拳从两侧打击其双耳及太阳穴（图150）。

图 149

图 150

三十八　野马分鬃

（1）当对方以左（右）拳向我进攻时，我则用左（右）手采拿其腕，向下引进，同时上右（左）脚套住其前脚外侧，我右（左）手从对方腋下胸前擦身，向右（左）方向发劲，同时弓腿进身，用膝盖击打其腿弯处，连肩带靠将其掷跌（图151）。

（2）当对方拉我手时，我旋转进身，一手下采其手腕，并同时用大臂肱骨击打其肘部使其肘关节受伤（图152）。

（3）当对方被我拿住，我即将发力将其掷出时，其用力后撑，我便立即采其腕之手下压，另一手击打其肘关节（图153），并同时前送将其放出（图154）。

图 151

图 152

图 153

图 154

三十九　鲤鱼摆尾

当我擒住对方手臂并往外捌，其往外撑时，我便利用回旋之力将其甩出（图155）。

图 155

四十　玉女穿梭

（1）当对方用右（左）拳攻击我上部时，我左（右）脚上步，套在其右（左）脚外侧，我左（右）手往上划弧，掤住其右（左）小臂，弓腿进身用右（左）掌（拳）向其胸部发力使其跌出（图156）。

图 156

（2）当对方从后面用拳向我击来时，我即转身（图157），边掤边采，以掌（拳）击其胸部使其跌出（图158）。

图 157

图 158

四十一　下势

（1）当对方前后夹击时我，我即后转用勾手打击后面来敌之小腹（图159），并前穿掌击打前面来敌脚踝处（图160）。

（2）当对方从正面向我猛烈进攻时，我以尺骨沾粘住其小臂并下沉，坐身、仆步化解来力，使其前倾欲跌（图161）。

图 159

图 160

图 161

四十二 左、右金鸡独立

（1）接上势，当对方后退时，我即跟进，一手下按其手，一掌上托其臂，同时提膝（脚）攻击其胸（腹）部（图162）。

（2）当对方从正面对我进行搂抱时，我即以左（右）手向左（右）捋其（右）左小臂，同时，我右（左）拳（掌）向上冲其胃部（下颌），右（左）膝猛然提起，狠狠撞击其裆（小腹）部（图163）。

图 162

图 163

（3）接上势，我用拳向下击对方胸窝，同时下踩其脚面（图164），如其退步避让，我即提起另一脚用膝撞击其裆（小腹）部，同时另一拳向上冲击其胃部及下颌处（图165），形成连环进击，对方如果后仰欲躲开冲击，我即用拳下击其胸部，脚踩其脚面（图166）。

图 164

图 165

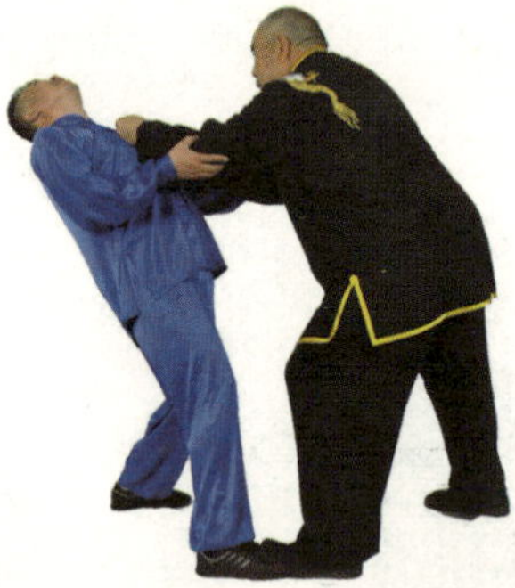

图 166

四十三　白蛇吐信

当对方从正面用拳向我进攻时，我用左手粘引来拳，右手击打其胸部（图167），当其另一手格挡我右手时，我即右手下压其格挡之手。左手上插其咽喉（眼）的同时，起腿猛踹其小腿胫骨处（图168）。

图 167

图 168

四十四　马步推掌

当对方前后夹击我时，我即左脚斜前方落地、前脚掌踩地，同时身体右转，用左手击打前面来敌之胸膛（图169），同时用右肘击打后面来敌之腹部（图170）。

图 169

图 170

四十五　十字蹬脚

当对方从正面用拳击打我头部时，我两手交叉向上架起其来拳（图171），同时提膝起脚蹬其腹部（图172）。

图 171

图 172

四十六　指裆捶

（1）当对方用右（左）顺步拳（脚）击打我中下部时，我即用左（右）手往下划弧，捌其进攻之拳（脚），同时上步用右（左）拳击打其裆（腹）部（图173）。

图 173

（2）当对方提起左腿向我上部踢来时，我则出右手向外拦出（图174），并迅速上步，出右拳直击其裆部（图175）。

图 174

图 175

四十七　上步七星

（1）当对方从正面用拳向我进攻时，我用双拳交叉将来拳架起，同时起腿攻击对方下部（图176）。

（2）当对方后撤时，我立即将腿落下，用脚踩其脚面，双掌猛按其胸部（图177）。

图 176

图 177

四十八　退步跨虎

（1）当对方从左、右进攻我时，我迅速向左（右）下划弧，化掉其来力（图178），然后两手向左（右）划弧击打对方肋部及太阳穴（图179）。

（2）当对方用双拳向我进攻时，我双掌往下划弧将其双手分开，然后起右脚攻击其下部（图180）。

（3）当对方起右腿踢我腰部时，我左脚后撤，击其右腿；左手以掌缘或尺骨磕击其左腿，使其疼痛，然后用右脚蹬其右腿膝关节（图181）。

图 178

图 179

图 180

图 181

四十九　转身摆莲

（1）当我起左脚蹬对方右膝，其右手拿住我左脚并往前送时（图182），我顺其势腰右转，以右脚为轴向右旋转，左脚落于右脚原地的左后方，目向前平视（图183），当我转身时对方必用拳攻击我上部（图184）。

图 182

图 183

图 184

（2）接上势，我腰右转，双手粘住来手，向后下方捋其右臂使其身体前倾（图185），对方往后撑时，我起右脚自左向右划弧横踢其腰部（图186），同时双掌斜向上打其胸部，上下夹击使其跌出。

图185

图186

五十　弯弓射虎

当对方向我头部进攻时，我立即落脚拧腰，一拳格开来拳护住头部，另一拳向前将对方击出（图187）。

图187

太极功法

一、传统太极缠丝劲

（一）顺缠

预备式：面向正南，自然站立（图1）。

图 1

第一动：身体微向右转，左脚尖往左蹍45度，右脚向前一大步，同时右手向前伸出，右手掌心向上，左手搭于右手手腕处，掌心向下，重心在右腿（图2）；身体右转，松胯下沉，上肢随腰右转，重心落在右腿，右掌心向上（图3）；身体左转至东南方，右掌心向左，左手搭于右手手腕处，重心在左腿（图4）。

图2

图3

图4

接着下沉右转，手随腰转划弧至右胯前，右手掌心向下，左手掌心向上，重心在右腿（图5）；接着身体先往右后方转，再往左转至东南方，两手随腰先往右，后往左下方经右膝前左转至左膝处，右掌心向左（图6）；然后右转还原至第一动，循环不断（图7）。

图5

图6

图7

第二动：与第一动相同，迈左脚方向相反。

（二）逆缠

预备式：面向正南，松静自然站立（图8）。

图 8

起势：

第一动：身体微向右转，左脚尖往左蹑45度，右脚向前迈一大步，同时右手向前伸出，右手掌心向下，左手搭于右手手腕处，重心在右腿（图9）；然后身体左转至东南方，手随腰转至左肩前，右掌心向下，重心移至左腿（图10）；接着身体往右转至西南方，手随腰转至右胯前，双手掌心向下，重心移至右腿（图11）。

图 9

图 10

图 11

接着身体往左转至东南方，手随腰往下划弧至左膝前，右掌心向东北，重心在左腿（图12）；接着身体向右回转，手随腰转，还原至第一动，循环不断（图13）。

图12

图13

要求：动作周身协调，重心转换及时，以腰为轴，四肢为辅，心与意合，意与气合，气与力合，肩与胯合，肘与膝合，手与足合，如春蚕抽丝，连绵不断。

二、太极桩功

预备式：面向正南，自然站立（图14）。

图14

两脚平行站立，两脚的距离与双肩同宽，或稍宽于肩。两膝弯曲但不超过自己的脚尖，双膝双胯放松，身体重心放在两腿中间（图15）。同时两臂经体前上掤至胸前（两掌心相对）（图16）。然后两腕放松，掌心斜向下向内，指尖相对，两臂掤圆（图17、附图17）。

图 15

图 16

图 17

附图 17

要求：

两脚平行站立，两脚的距离比肩稍宽，钩腮悬顶，双目垂帘，舌抵上腭，指尖相对，两臂掤圆，垂肩坠肘，虚腋松腕，含胸拔背，收腹提肛，松胯松腰，心安神宁，肢体放松，排除杂念，一心练功。

三、太极禅功

这一功法以坐式为主。坐时将两足脚背搭于左、右大腿上谓之“双盘坐”。以左腿搭于右腿或右腿搭于左腿，俗称“单盘坐”。两腿交叉呈人字形的自然盘坐为“自然坐”。

此功要先从“自然坐”练起为宜，待习惯巩固后再练“单盘坐”和“双盘坐”。

此功练功前一定要神宁心安，心安清净，清净无物，无物气行，气行绝象，绝象觉明，觉明者神气相通，万象归根。切忌用拙力努气挺胸提腹。排除一切杂念，不能胡思乱想，饭饱适中。

练功时两腿自然交叉盘坐，身躯自然微前倾，脊柱自然端直，要做到含胸拔背，垂肩坠肘，屈腋松腕，勾腮悬顶。不要挺胸耸肩，头略前俯，巅顶尾骶，略伐直线，眼如垂帘，舌抵上腭。双腿交叉时，如左腿在上，则左掌贴于右掌上，反之亦然。两拇指指尖相对，轻轻顶住。也可以两手虎口相交叉合拢，用右手握住左手大拇指，左手拇指以下四指抱右手手背，反之亦然，置放于小腹丹田处（肚脐下一寸半气海穴），以利于元气沟通。

动作开始时先呼气，舌抵下腭，气沉丹田，小腹随之渐渐鼓起，再把气下沉到会阴，随之将气分为两股沿大腿、小腿内侧直下至足心涌泉穴。随后改吸气，小腹随之渐渐内收，舌抵上腭。仍以意领气，从足心引向足踝外侧，沿小腿、大腿外侧上升至环跳穴，向会阴穴合拢。接着提肛沿督脉向尾闾穴、夹脊穴、玉枕穴过三关，往上直达头顶百会穴，再分两幅沿眼外侧、两耳前入口汇合于舌尖，此时呼气，气沉丹田，内部气息由鹊桥相结后直下丹田，如此循环不息。

呼气时要悠、缓、慢、细、匀，吸气时要静、绵、深、长，并要周身放松，使百脉皆开，五官内敛，做到心与意合，意与气合，气与力合。千万不要憋气、努气。开始练习时要自然呼吸，等完全掌握住呼吸的运行路线，再慢慢配合呼吸以免出现偏差。

下面附穴位图示及说明，供参考。

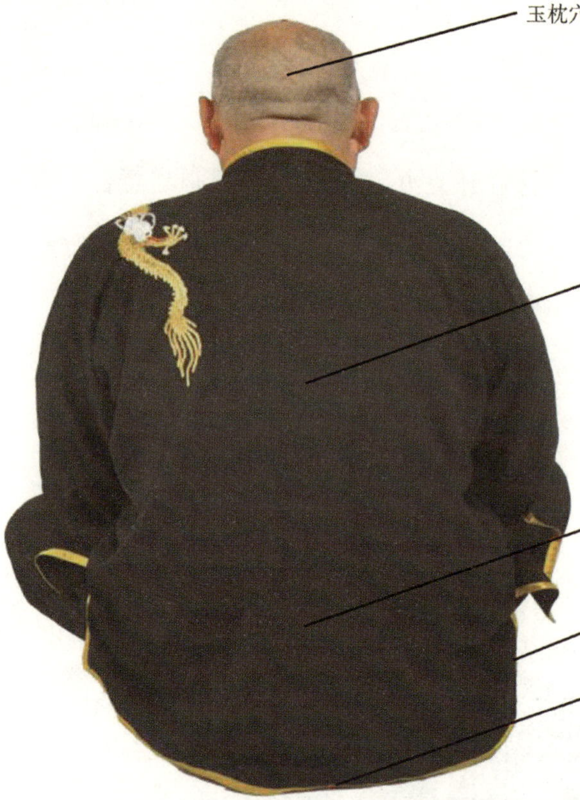

穴位说明：

百会穴：头顶后1寸五分处，两耳尖连线中间处。
神庭穴：发际五分处。
印堂：两眉中间。
天突穴：两锁骨中间。
膻中穴：两乳中间。
神阙穴：肚脐中间。
气海穴：肚脐（丹田）下一寸半。
会阴穴：两阴间。
涌泉穴：脚大拇指与食指连接处。
玉枕穴：脑颅旁开一寸三分处。
夹脊穴：脊柱两侧半分处。
命门穴：对应前肚脐处。
环跳穴：两转子中间。
尾闾：底椎骨。

太极拳基本常识

（一）《太极拳论》及注释

太极拳论

王宗岳

太极者，无极而生，动静之机，阴阳之母也。动之则分，静之则合。无过不及，随曲就伸。人刚我柔谓之“走”，我顺人背谓之“粘”。动急则急应，动缓则缓随。虽变化万端，而理唯一贯。由着熟而渐悟懂劲，由懂劲而阶及神明。然非用力之久，不能豁然贯通焉！

虚领顶劲，气沉丹田，不偏不倚，忽隐忽现。左重则左虚，右重则右杳。仰之则弥高，俯之则愈深。进之则愈长，退之则愈促。一羽不能加，蝇虫不能落。人不知我，我独知人。英雄所向无敌，盖皆由此而及也！

斯技旁门甚多，虽势有区别，概不外壮欺弱、快欺慢耳！有力打无力，手慢让手快，是皆先天自然之能，非关学力而有为也！察“四两拨千斤”之句，显非力胜；观耄耋能御众之形，快何能为?

立如秤准，活似车轮。偏沉则随，双重则滞。每见数年纯功，不能运化者，率皆自为人制，双重之病未悟耳！

欲避此病，须知阴阳；粘即是走，走即是粘；阴不离阳，阳不离阴；阴阳相济，方为懂劲。懂劲后愈练愈精，默识揣摩，渐至从心所欲。

本是“舍己从人”，多误“舍近求远”。所谓“差之毫厘，谬之千里”，学者不可不详辨焉！是为论。

注释：

1.太极者，无极而生，动静之机，阴阳之母也。

所谓太极，宋朝周敦颐的《太极图说》中说：“无极而太极。太极动而生阳，动极而静，静而生阴，静极复动。一动一静，互为其根。分阴分阳，两仪立焉。”实际上是指，无极生太极，太极由无极而生，并且又分阴阳，故为阴阳之母也。太极图呈圆形，内含阴阳两个弧形图案，太极拳采用这个名称，象征着太极拳是由圆和弧形组成的一阴一阳刚柔相济的拳术。

2.动之则分，静之则合。

太极是一个浑圆体，包含阴阳二气。动时这个浑圆体就起变化，正如《太极图说》中“太极动而生阳……静而生阴”，一分阴，一分阳，太极生两仪，是由于“动之则分”所形成的。静时仍然是一个浑圆体，阴阳变化也相对静止，所以叫作“静之则合”。

3.无过不及，随曲就伸。

在太极推手过程中，根据客观情况的变化，或屈伸进退，要随对方的动作来采取攻防手段，不可主观，不可盲动，要和对方的动作紧密结合，人屈我伸，人伸我屈，敌不动我不动，敌一动我先动，要不抗、不顶、不丢，不使有过与不及之弊。

4.人刚我柔谓之“走”，我顺人背谓之“粘”。

太极推手时要沉着放松，要练出一股柔中寓刚、刚柔相济的“柔劲”来，粘与走要以柔为主。当敌人向我进攻时，我不用刚力来抵抗，而是人刚我柔，把对方力量引开，使之处处落空不得力，有力用不上，然后借力拿人，此谓“人刚我柔谓之‘走’”。当对方来劲被我走化形成背劲时，我即像胶水、生漆粘物一样，用粘劲加力于其身，使之陷入被动地位，从而无力还击，此谓“我顺人背谓之‘粘’”。

5.动急则急应，动缓则缓随。虽变化万端，而理唯一贯。

我动作的快慢，取决于对方动作的快与慢，不能自作主张。首先要垂肩坠肘，手背松沉，不使丝毫拙力，触觉才能够灵敏，才能急应缓随，处处合拍。只有触觉灵敏，才能做到“彼不动，我不动，彼一动，我先动”，才能制人而不制于人。太极拳的动作虽然千变万化，但是粘走相生、急应缓随的道理是一贯的。

6.由着熟而渐悟懂劲，由懂劲而阶及神明。

“着熟”就是招法熟练，练太极拳首先是身法、手法、步法、眼法和每一式的招法要练得正确熟练，特别是练拳架，首先要姿势正确，拳法套路要连贯熟练，并配合好呼吸。“懂劲”就是懂得劲的规律，懂劲主要是从实践中悟出来的，只练拳不练推手，就不会懂得什么是懂劲；想象出来的懂劲，一接触实际就不行了。懂劲以后，招法的使用才能得心应手。

“阶及神明”，是像台阶一样，一阶一阶地爬上来，“神明”意即神妙高明，随心所欲，熟能生巧。“由着熟而渐悟懂劲，由懂劲而阶及神明”的意思是，在太极推手中，各种攻防技术的招法熟练后，经过实践，悟出劲，劲贯招中的技巧，掌握劲这个总钥匙，不求用招而招法自然，用得巧妙，最后达到“随心所欲，妙手无处不浑然”的程度。

7.然非用力之久，不能豁然贯通焉！

“用力”系指练功夫，功夫即是时间，不勤学苦练、钻研拳理，不经过日积月累，练不够那么多时间，下不够那么多苦功，是不能豁然贯通的。豁然贯通的功夫是没有止境的，通过向有经验的师友学习交流和反复研究拳理，并刻苦用功，功夫才能练到自己身上。

8.虚领顶劲，气沉丹田。

“虚领顶劲”，意为头顶百会穴，头要轻轻领起往上顶着，便于中枢神经安静地提起精神，来指挥动作。虚领顶劲时，要用意念上顶，而不能用力，用拙劲则颈僵，颈僵则气血不能通顺，要做到自然轻松，不僵不硬，恰到好处。“气沉丹田”是指腹式逆呼吸法，气沉丹田不可硬压在丹田，也不可一味沉气，而要“气宜鼓荡”；气沉丹田全身稳定，为技击提供了条件。“虚领顶劲，气沉丹田”符合太极拳立身中正、松静自然的运气练拳和推手的要求。

9.不偏不倚，忽隐忽现。

不偏不倚，是说立身要以安舒中正为要点，身体不要歪斜而失去中正，不偏是指形体上、神态上都要自然中正，不倚是不抗、不丢、不顶，要安舒中正，独立自主。忽隐忽现，是指行气运劲要似有实无，忽轻忽重，虚实无定，变化多端，使对方琢磨不透，难以适应，顾此失彼，高深莫测。

10.左重则左虚，右重则右杳。

与人推手时，既要做到“不偏不倚，忽隐忽现”，还要做到：对方从左方用力攻来，我以左方虚而化之，虚而引之，不与之顶抗，使之来劲落空；对方从右方用力攻来，我以右方虚而化之，虚而引进落空，也不顶不抗，使之来劲落空。练到处处都能虚而化之，虚而引之，就能技高一筹，使对方的力量找不到实处，无处着力。

11.仰之则弥高，俯之则愈深。进之则愈长，退之则愈促。

对方往上进攻时，我用粘化的方式，我高以引之，使之有高不可攀、脚跟浮起、凌空失重的感觉。对方往下进攻时，我往低处引之，使之有如临深渊、摇摇欲坠、愈陷愈深、深不可测的感觉。若对方前进，我逐渐引进，使其摸不到我身上，有进之则愈长，使其有深长不可及的感觉，当我粘逼进攻时，使其越退越感觉不能走化，越陷入困境。

12.一羽不能加，蝇虫不能落。人不知我，我独知人。

这是形容触觉的灵敏度极高，已达到极处，稍触及立即走化。只有技术练得高深了，才能做到一根羽毛、一只蝇虫触及身体任何部位都能感觉到，并能立即用行动应对。只有功夫达到这个程度，才能做到“人不知我，我独知人”。

13.英雄所向无敌，盖皆由此而及也！

只有这样高深不可测的功夫，才能成为知己知彼、百战不殆、所向无敌的英雄好汉。

14.斯技旁门甚多，虽势有区别，概不外壮欺弱、快欺慢耳！

我国武术博大精深，流派甚多，虽然姿势有别，不外乎以力大打力小，手快打手慢。

15.有力打无力，手慢让手快，是皆先天自然之能，非关学力而有为也！

所谓有力打无力，大力胜小力，手快打手慢，这是一般的规律，是先天自然的能力，不是练拳独有的。武术界有“一力降十会，一巧破千斤”的说法，太极拳柔中寓刚，刚柔相济，既要练好柔劲，又要练好浑身合下力千斤的刚劲，不能单纯强调一个方面，这就是一分为二的看法。

16.察“四两拨千斤”之句，显非力胜；观耄耋能御众之形，快何能为？

四两拨千斤，用的是巧力，学习太极拳，要能改变天生的条件，用熟练高深的技术，战胜强大的敌人。耄耋之人的力量动作都比青壮年人差，却能通过练习拳术应付许多青壮年的围攻而胜，这就说明天生的力和快是不能与拳术的高深技能所比拟的。

17.立如秤准，活似车轮。偏沉则随，双重则滞。

身法中正，保持平衡，要像秤一样准，身手圆活，要如车轮旋转，不但不受来力，还要把来力抛出去。无论来力有多大，都要粘着走化，而不顶抗。如果粘着处放松走化不受力，这就叫偏沉。能做到偏沉，就顺遂，就能使对方有力用不上，推手时不要两力相抗，如果两力相抗，不能“偏沉则随”，动作就会滞钝，形成顶牛现象，结果还是力大胜力小。

18.每见数年纯功，不能运化者，率皆自为人制，双重之病未悟耳！

常常看到勤练很多年太极拳和推手的人，在与人交手时，没有悟到“懂劲”和“粘随走化”的道理，不能偏沉走化，往往不能制人，反而被人所制，都是用力顶抗，犯了“双重”之病，而自己不觉所致。

19.欲避此病，须知阴阳；粘即是走，走即是粘；阴不离阳，阳不离阴；阴阳相济，方为懂劲。

欲避此病，须知阴阳，就要懂得阴阳的变化，稍觉双重即速偏沉，偏沉即走化，人刚我柔谓之走，我顺人背谓之粘，粘即是走，走即是粘，走粘即是阴阳；阴不离阳，阳不离阴，阴阳相济，方为懂劲。阳刚不能离开阴柔，阴柔不能离开阳刚，有阴有阳，有虚有实，有柔有刚，阴阳相济，虚实互变，柔刚错综，才算是懂劲。

20. 懂劲后愈练愈精，默识揣摩，渐至从心所欲。

懂劲以后，要认真苦思揣摩，粘走相生，拳术越练越精，经过不断的实践，切磋研究，越练越细巧缜密，学思并用，就能逐渐达到从心所欲，身手更为灵活多变。搭手时即能判断对方力量的大小、长短、动向、快慢，随机做出反击，威胁力更大。

21.本是“舍己从人”，多误“舍近求远”。所谓“差之毫厘，谬之千里”，学者不可不详辨焉！是为论。

太极拳技击的方法，本是舍己从人的技巧，不自作主张，顺应客观规律，走粘相生，与人周旋，随机应变，伺机顺势而定进退化发。如果自作主张，逆客观规律，必然会出现抗、丢、顶，硬碰硬，不能引进落空，反致失败，这就是舍近求远，真是“差之毫厘，谬之千里”，练拳推手也是这样，学拳的人一定要详细辨别这个道理。

（二）练习太极拳的基本要求

心静用意，身正体松。以腰为轴，四肢为轮。迈步猫行，虚实分明。中正安舒，尾闾中正。要前必后，要左必右。前后对撑，上下拔长。由松入柔，柔中寓刚。源自腰脊，劲贯四梢。三尖六合，上下一线。虚领顶劲，气沉丹田。含胸拔背，顶腰松胯。垂肩坠肘，坐腕松指。

屈膝圆裆，骶骨有力。速度均匀，轻沉兼备。内动外发，呼吸协调。眼随手转，步随身换。意动形随，势完意连。

（三）太极拳的特点

1.动作柔和缓慢，“用意不用力”，全身骨节要松开，一切动作以柔和为主，柔中寓刚，最忌肌肉和关节紧张僵硬，宜慢不宜快，讲究“运劲如抽丝，迈步如猫行”。

2.练太极拳时要做到一动无有不动，一静无有不静。上下相随，前后对撑，虚领顶劲，对拉拔长，要前必先后，要左必先右，拳走弧线。松柔为魂，阴阳为母，动静相间，内外相合，身心双修。

3.练太极拳时要求呼吸匀静，缓慢深长，松静自然。

4.在运动时要求做到精神贯注，“意守丹田”，不存任何杂念，即心神安静，精神内敛。在意识的支配下，人的思想始终集中在动作上，排除了大脑对其他思绪的干扰，使大脑皮层逐渐静下来，使之获得良好的休息机会。大脑得到充分的休息之后，人体就能很快地消除疲劳。常练太极拳，能使大脑皮质神经细胞的兴奋与抑制不断地得到调节，促进了身体各部分组织的新陈代谢，使练习者气血逐渐得以旺盛，神清气爽，反应灵敏，有很好的健身和防治疾病的效果。

（四）“圆”和“弧”在太极拳中的作用

太极拳的动作一般都是圆形或弧形的，人们把它叫作“圆运动”是有一定道理的。从生理上讲，我们身体的各个关节，都是圆形的，好像轴一样，这样的构造就保证了身体的灵活性。太极拳的各种圆形、弧形、动作，能使各个关节得到普遍的活动和平均的发展，同时也使较多的肌肉群一同参加活动，几乎全身的每一块肌肉都活动到了。用于圆形动作的变化复杂多样，这对训练我们的中枢神经系统，逐步提高神经系统对全身各器官的调节机能，起到了很好的作用。

在技击方面，圆形动作运转灵活，不滞不涩，变化多端，易于化解对方之力而还于对方，也就是通常所说的“借力打力”“四两拨千斤”，它是合乎力学原理的。太极推手所用的力，就用遍了杠杆、轮轴、分力、合力及移动中心等原理，所以能以小力胜大力。另外，圆形动作可以随身体任何一个小的扭转而使招法改变，所以在用招时不易落空，破招时易于防守，能够化险为夷，变被动为主动，这就是身体各个关节能运用圆形动作的结果。

（五）太极拳对眼神的要求

练习太极拳，眼神很重要。所谓眼神，就是由二目来体现全身的精神。不仅太极拳有此要求，其他武术，也无不要求注意眼神。在练拳时，为什么要注意眼神呢？首先我们要了解拳术的攻防技术，与敌人直接交手拼搏时，当然不能闭目合眼，一定要眼观六路，全神贯注地注意对方的动作。对方用什么招式，怎样进攻，怎样躲闪等，都要了解得很清楚，才能见招拆招，见式破式，套式还招，做到知己知彼、百战百胜。因为敏锐的视觉在搏斗时能起到重要的作用，而眼神的锐利又足以给对方造成精神上的压力。

个人练拳时，虽然不和敌人直接交手，可是还要带着意念，带着敌情，一招一式仍然要按照与敌交手时的动作去练，仍需保持战斗姿态，重要的是眼神贯注，使意志集中、心神不乱、身体协调，以达到事半功倍的效果。

怎样注意好眼神呢？一般的做法和规律是这样的：在每一个动作中的两手，经常是一手进攻，一手防守，所以眼神就要随进攻的手动（也就是眼随手动）。

（六）太极拳的手法、步型及脚法

1.太极拳的手法有拳、掌、勾三种。一般用掌的时候颇多，用拳、勾的时候较少。

（1）拳：四指靠拢卷曲，拇指横于食指及中指的第二节指骨上，握拳时一定要松紧适当（不要过紧或过松）。

（2）掌：掌法有两种，一种立掌，一种平掌。立掌是腕关节、小指底节以后，手的外缘肌肉较多的部分，五指自然分开，虎口向上张圆，手拳掌呈凹形，大拇指与食指二节横纹平，微坐腕。平掌是指全手而言，只要手指自然伸出，微分开，手背与小臂皆舒直。

（3）勾：勾法有两种，一种是拇指指尖与食指、小指的指尖相对，然后中指、无名指与之靠拢。另一种方法是拇指指尖与食指、中指尖相对，无名指及小指尖向其靠拢。两种方法均可，但要做到自然放松，全手自然下垂。

2.太极拳的基本步型有以下八种。

（1）弓步：重心在前腿，前腿弓膝，膝盖不能超过脚尖，膝尖正对脚尖，尾闾正对脚跟，后腿自然蹬直，后脚全部虚着地。

（2）马步：左脚向左迈半步，稍比肩宽，身体坐成半蹲式，两膝不超过脚尖，臀部要高于膝，松胯松腰，上体要直。

（3）丁步：两脚安放略呈“丁”字形，一足实着地面，一足脚跟提起脚尖点地。

（4）仆步：一腿全蹲，脚掌全部着地，腰要直，一腿向左

（右）顺地面平铺伸直，脚掌平扣地面。

（5）八字步：两脚站立，稍比肩宽，是两脚尖均斜向外侧（或内侧）呈“八”字形。

（6）平行步：两脚平行站立，脚尖平齐，与肩同宽。

（7）点步：两脚尖平齐，隔一脚宽，重心在一脚，另一脚脚跟提起。

（8）自然步：两脚平行站立，脚尖平齐，间隔约10厘米。

3.太极拳的脚法大致有三种：分脚、蹬脚、摆莲脚。

（1）分脚：分脚时，应将脚面伸平蹦直，踢出时意在脚尖。

（2）蹬脚：蹬脚时，脚尖要向内勾屈，以脚跟蹬出，意在脚跟。

（3）摆莲脚：摆莲脚其脚摆动的路线，宜做圆形摆动，意在脚的外侧。

（七）练太极拳时为什么要“中正安舒”及“尾闾中正”？

什么叫中正安舒呢？中正安舒就是在练太极拳时，要使躯干安然舒展，不偏不倚。在练拳时，身体若前仰后合，别别扭扭，就违背了中正安舒的要求。从运动生理上来说，中正安舒对人体的健康非常有益。

尾闾是尾闾骨的简称，尾闾骨位于脊柱的下端，通常所说的尾闾中正，是指脊柱的中正而言。脊柱是人体主要的中轴骨骼，上连头部，下连骨盆，再连下肢。脊柱是由一节一节的脊椎组成的，它可以提供颈部及腰部的灵活性。太极拳要求的“尾闾中正”是自然的中正，不是硬要脊柱上下成一条垂直线。尾闾中正可以防止躯干出现前俯后仰及左右歪斜；否则，动作既不优美，呼吸也不自然舒畅，同时身体容易失去平衡，重心不易掌握，与对方交手时，对方稍一引动，便可俯倒。

（八）“沉肩坠肘”与“含胸拔背”

沉肩是指肩关节自然松开下沉，肩关节充分松沉圆活后，全部的手臂伸缩、升降、缠绕就自然地如风吹杨柳，活泼得毫无滞机。坠肘是指肘关节要始终微屈并有下垂劲，切不可向上扬起；肘扬时也必定影响肩部耸起。“沉肩坠肘”能帮助含胸拔背的自然形成，能使手臂在伸缩、升降、缠绕中加大力量，使手臂极为灵活，但又极为柔软沉重。这样手臂就会逐渐加强“刚柔内含”、富于弹性的掤劲。掤劲的质量越高，推手时发挥沾粘连随的作用越大，就越容易用肘部和手掌去牵动对方的重心，破坏对方的平衡。在引化劲时，不易被对方压扁，充分发挥引进落空的作用。

含胸是胸部要有宽舒的感觉，有利于做腹式深呼吸运动。含胸是指肩锁关节放松，两肩微向前合，两肋微敛，通过动作，使胸腔上下径放长，横膈有下降舒展的机会，能使重心下降，又能使肺脏活动和横膈活动加强。含胸和拔背是连在一起的，能含胸就能拔背，拔背是指当胸略内含时，背部肌肉往下松沉，而两肩中间脊骨（颈下脊椎第三根脊骨）有鼓起略带往后上方拉起，不能单纯地往后拉，这样背部肌肉就有一定的弹性，皮肤有绷紧的感觉。

含胸拔背在推手技巧上有很重要的作用。凡是运用化劲的手法，都离不开含胸。拔背的作用则是为了有利于卷劲和放劲。在技击上，它们是蓄放相变的关系。含胸拔背的姿势要自然，胸背部肌肉松沉，不能故意用力做作，拳论说“含胸拔背落自然”，就是告诉我们肌肉的松沉要用意不用力。

（九）“十种身法”与“十六关要”

（1）十种身法：含胸、拔背、裹裆、护臀、提顶、吊裆、松肩、沉肘、闪战、腾挪。

（2）十六关要：活泼于腰、灵机于顶、神通于背、流行于气、行之于腿、蹬之于足、运之于掌、贯之于指、敛之于髓、达之于神、凝之于耳、息之于鼻、呼之于腹、纵之于膝、发之于毛、浑噩一身。

（十）太极知识问答

1.什么是太极拳？

要想知道什么是太极拳，首先必须了解“太极”二字的起源和意义。“太极”二字是一个名词，最初见于唐代孔颖达的《周易正义》。在《易经》里，把天地（即地球）产生以前的时候，称为太极（或称太初、太一等）。到了宋朝，周敦颐画了一幅《太极图》，并做了详细说明，用来解释太极的含义及其变化。周敦颐的《太极图说》中说：“无极而太极。太极动而生阳，动极而静，静而生阴，静极复动。一动一静，互为其根。分阴分阳，两仪立焉。”实际上是无极即太极，并不是由无极达到太极，也就是“太极本无极”的意思。

《太极图》呈圆形，内含阴阳两个半弧形图案，而太极拳的很多动作又都是圆形或弧形的，恰似太极图的一环套一环，在这些环形中，一阴一阳含蓄了很多变化。练太极拳要求动中求静，静中求动，用意不用力，好像无中生有，恰似无极而太极的道理。并且它的动作自始至终完全是一式连一式，毫无断续之处，好像一个完整的圈，找不着它的头，正所谓“太极本无极”。太极拳采用这个名称，象征着太极拳是一种圆转的弧形的一阴一阳刚柔相济的拳术。

2.什么是太极十三势?

太极十三势包括五行八卦在内，五行是指金、木、水、火、土，比喻太极拳的五种步法；八卦是指乾、坤、巽、兑、艮、震、离、坎，比喻太极拳的八种手法。太极拳的五种步法是指前进、后退、左顾、右盼、中定。八种手法是指掤、捋、挤、按、采、挒、肘、靠，分配在东、南、西、北、东北、东南、西北、西南八个方向，这八方与前者五步合而言之，就叫太极十三势，也叫五行八法、八门五步。

3.什么是上下相随?

练太极拳时，全身无论上下左右，前进后退，各个部分都要协调运转，这种协调的运转，就叫上下相随。

4.什么是内外相合?

练习太极拳时要“神为主帅，身为躯使”。神就是大脑皮层，它在运动中占主帅地位，它可以指挥全身各部位的活动，所以我们把内外相合解释成是精神作用和肉体运动融合在一起的运动。

5.什么是动中求静?

动中求静就是指在练太极拳时，除了要求动作缓慢、柔和以外，精神还要平稳，心情要镇静，也就是说，动中也要求沉静，达到“入静虚无”的境界。

6.什么是轻灵？

轻灵是指全身肌肉和关节都要松沉下来，心神也要稳定下来，一式一动都要求做得轻松灵活。

7.什么是用意不用力？

用意不用力是指练习太极拳时，要精神贯注，用意念去指导各个动作，使浑身的肌肉不紧张，放松协调。

8.什么是敛臀和调裆？

敛臀又叫作垂臀或护臀，是指练拳时臀部要自然下垂，不要向后撅。调裆是指在练拳时，肛门附近的肌肉向上轻轻提起。

9.什么是沾粘连随？

沾粘连随就是在推手中，个人的手与臂和对方的手与臂永远保持恰如其分的接触，不顶、不抗、不丢、不扁，不论动作怎样变化，都使对方不能离开；不论进退转换、起落缓急都能随心所欲，左右逢源，几乎身体的每一个部分都能接招用招。